大数据背景下
高校教育管理信息化发展与创新

张伟光 ◎ 著

吉林出版集团股份有限公司

版权所有　侵权必究

图书在版编目（CIP）数据

大数据背景下高校教育管理信息化发展与创新 / 张伟光著. — 长春：吉林出版集团股份有限公司，2024.5
ISBN 978-7-5731-4877-3

Ⅰ. ①大… Ⅱ. ①张… Ⅲ. ①高等学校－教育管理－信息化－研究－中国 Ⅳ. ①G640-39

中国国家版本馆 CIP 数据核字（2024）第 078243 号

大数据背景下高校教育管理信息化发展与创新
DASHUJU BEIJING XIA GAOXIAO JIAOYU GUANLI XINXIHUA FAZHAN YU CHUANGXIN

著　　者	张伟光
出版策划	崔文辉
责任编辑	孙骏骅
封面设计	文　一
出　　版	吉林出版集团股份有限公司
	（长春市福祉大路 5788 号，邮政编码：130118）
发　　行	吉林出版集团译文图书经营有限公司
	（http://shop34896900.taobao.com）
电　　话	总编办：0431-81629909　营销部：0431-81629880/81629900
印　　刷	北京昌联印刷有限公司
开　　本	787mm×1092mm　1/16
字　　数	200 千字
印　　张	13
版　　次	2024 年 5 月第 1 版
印　　次	2024 年 5 月第 1 次印刷
书　　号	ISBN 978-7-5731-4877-3
定　　价	78.00 元

如发现印装质量问题，影响阅读，请与印刷厂联系调换。电话：18901161015

前　言

　　近年来，高等教育领域的创新改革正在全速推进，信息化建设已经成为高校改革、创新和开放的重要方向。作为实现教育公平和提高教育质量的重要手段，教育信息化在推动改革创新方面发挥着越来越重要的作用，对教学理念、教学方法和教学评价等方面都产生了深远的影响。

　　高等教育信息化是教育信息化发展的创新前沿，是促进高等教育改革创新和提高质量的有效途径。互联网技术的发展和现代信息技术的变革，促进了教育的在线化和网络化发展。全球任何愿意接受教育的人未来都可以低成本地获得优质教育资源，享受全球一流大学开放的优质课程。这种方式可以对学习过程中产生的大规模数据进行收集、分析、整理、归纳，可以促进课程资源的改善，提升在线教学资源的质量。作为我国当前教学方式的主要发展方向之一，信息化教学如果没有数据的留存和深度挖掘，就只能流于形式。大数据时代的到来必然会引发教育教学的改革，而基于大数据技术的数据分析、预测必定能为信息化教学带来便利。

　　本书总结和推广成功经验，以推进信息技术与高等教育的深度融合，促进教育内容、教学手段和方法现代化，创新人才培养、科研组织和社会服务模式，促进管理流程优化、提高管理水平与效率，推动文化传承创新。

　　本书在撰写过程中，得到了有关专家、学者的指导和帮助，在此表示诚挚谢意。由于学术水平以及客观条件限制，书中所涉及的内容难免有疏漏之处，希望读者能够积极批评指正，以待进一步修改。

目 录

第一章 大数据环境下高校教育管理概述 ·············· 1
    第一节 高校教育管理的内容及本质 ················ 1
    第二节 高校教育管理的理论依据与基本原则 ·········· 4
    第三节 高校教育管理的重点与意义 ················ 9
    第四节 高校大数据教育管理一般性分析 ············ 16

第二章 大数据背景下高校教育系统的变革与发展 ········ 22
    第一节 大数据时代学生学习方式的变革 ············ 22
    第二节 大数据时代管理模式变革 ················ 47

第三章 大数据环境下高等教育信息化的基础理论 ········ 76
    第一节 高等教育信息化的内容与目的 ·············· 76
    第二节 高等教育信息化的要素与特征 ·············· 79

第四章 高校教育管理中的大数据应用分类 ············ 85
    第一节 高校课程管理的大数据应用 ················ 85
    第二节 高校学生培养模式的大数据应用 ············ 91
    第三节 高校图书馆服务的大数据应用 ·············· 99
    第四节 高校学生管理工作的大数据应用 ············ 108

第五章 大数据背景下高校学生管理及其信息化建设研究 ···· 120
    第一节 高校学生管理工作及其信息化重构 ·········· 120
    第二节 信息化发展对高校学生管理的影响 ·········· 127

第三节 信息化背景下高校学生管理创新思路 …………………… 133
第四节 信息化背景下高校学生管理创新方法 …………………… 140

第六章 大数据时代下高校学生管理创新实践 …………………… 154
第一节 大数据时代下高校学生管理创新基本思路 ……………… 154
第二节 大数据时代下高校学生管理创新实践策略 ……………… 162

第七章 大数据时代高等教育教学管理的创新发展 ……………… 174
第一节 大数据时代高等教育教学新形式——翻转课堂 ………… 174
第二节 大数据时代个性化教育教学管理理念及创新前景 ……… 178

第八章 大数据背景下高校综合管理创新实践 …………………… 183
第一节 高校治理及数据治理研究综述 …………………………… 183
第二节 数据治理：高校治理方式的创新 ………………………… 188
第三节 高校数据治理的推进路径 ………………………………… 196

参考文献 …………………………………………………………………… 199

第一章 大数据环境下高校教育管理概述

第一节 高校教育管理的内容及本质

一、教学管理的组织系统

教学管理的组织系统是教学管理群体为达成共同目标，利用权责分配、层级关系与团队精神构成的可以实现自我发展与调节的社会系统，用于解决谁管理与如何管理的问题。管理体制是指组织机构安排、隶属关系与权责规划等组织制度体系化建设。要想充分发挥教学管理组织功能，就要从根本上优化管理体制，促进组织结构的科学合理建设。管理系统属于结构性关系组织，是组织成员彼此之间的行为关系构成的一个行为系统，更是一个随时代变迁而调整适应的生态化组织以及成员角色关系网。教学管理组织建设的根本目的是构建全面科学的教学管理系统，构建质量管理系统与运行机制，更好地为广大师生以及教育教学工作提供助力。教学管理系统关注的是过程管理纵向系列与横向系列的整合。纵向系列指学校、二级学院（部）、教学系部和教研室；横向系列包括教务部门、科研部门、学生管理部门、人事部门、政工部门、后勤保障部门等。要促进教学目标的达成，培育出更多优秀人才，必须确保以上两个系列得到有效协调。

要构建教学管理组织系统，保证该系统工作可以顺利高效地开展、灵活创新地运行，一定要打造高素质的教学管理队伍，明确机构设置，确定岗位责任。

二、教学管理的本质

从本质角度上进行分析，教学管理是指在高等学校系统中，以教学子系统为研究管理对象，组织应用有限资源，科学安排教学过程，优化资源配置，提升教学效益。

三、教学管理的基本任务和职能

从基本任务上看，教学管理要严格遵照教育教学规律，搞好教学管理系统规划，运用现代科技和现代化管理方法对所有教学活动实施动态目标管理。与此同时，强调要发挥管理协调的巨大价值，调动各方参与的主动性，确保人才培养进程中教学任务的顺利完成。

教学管理职能主要包括"决策规划、组织指导、控制协调、评估激励、研究创新"，这些职能之间有交叉，同时也有着密切的内部关联，共同构成了一个有机整体。

四、教学管理内容体系

要想真正做好教学管理，提升管理质量，其核心在于管理者要清楚管的内容、重点管的内容以及如何能够管理好。教学管理内容体系可以归纳成四项，分别是教学计划管理、教学运行管理、教学行政管理以及教学质量管理与评价。

（一）教学计划管理

人才培养方案是学校提升教育教学质量，确保培养规格的关键性文件，是安排教学活动，设置教学任务，维护有序教学编制的依据所在。教学计划是在教育部的宏观指引下，学校组织专家自主制订的，所以每所学校都拥有很大的自主权。教学计划在确定之后必须全面贯彻落实。教学计划管理的核心在于合理设计人才培养蓝图，要求学校在其中注入极大精力，开展基本调查研究，尤其是在获取新的教育观点、教学内容、培养模式等方面，需要组织学校各学科专业的学术带头人、骨干教师先进行课程结构体系的研究。只有保证课程结构体系的优化与全面，对人才培养的总体规划进行有效定位，才能够为培育优秀毕业生奠定坚实的基础。其中特别要注意，在制订了教学计划后，必须严格贯彻，切忌随意、散乱。

（二）教学运行管理

教学管理的根本目的在于利用规范化管理确保教育教学活动顺利有序的进行，提升教学水平。教学运行管理是围绕教学计划开展的教学过程与有关辅助工作的组织管理。教学过程指的是学生在教师引导下进行认知的过程，也是学生通过教学活动获得综合发展能力的过程。高校教学过程在组织管理方面的特征最为明显的有如下内容：第一，大学生学习自主性与探究性特征明显；第二，教学科研不断整合。以这些特点作为重要根据，要想做好教学过程组织管理，便要设计好组织管理内容、程序、规范要求等，做好课程大纲的设置，以便对教学过程进行检验。

（三）教学行政管理

教学行政管理是学校、二级学院、教学系部等教学管理部门结合教育规律与学校规章行使管理方面的职权，对教学活动与有关辅助工作实施科学化组织、指挥、协调调度，确保教学稳定持续运转的过程。

（四）教学质量管理与评价

教学质量的概念具有很强的综合性，判断教学质量水平的指标应是涵盖教学、学习与管理质量的综合性指标，这样才能够得到客观准确的评估。教学质量是渐进累积的产物，是动态与静态管理的结合，因此要关注动态与过程管理，实现过程与结果的统一。革新教育思想，提升教学水平，是做好教学质量管理的基本前提，要做好质量监控，设计全程质量管理，构建与校情相适应的质量监控体系与运行机制，首先必须对质量监控概念、要素、组织体系等进行梳理，认真研究质量监控与保障的全部有关问题。其次，高校要积极构建高度科学化与可操作性强的质量管理模式。

第二节　高校教育管理的理论依据与基本原则

一、高校学生管理的理论

管理科学化在提升高校管理效率与教育质量方面意义重大。管理科学化的实现依赖于与客观实际相符的人性化与规范化的管理制度，而这些均离不开科学管理思想，科学化的管理思想共分三个层次，分别是认知理论的管理思想、管理遵照的基本原则与实践中运用的方法。

（一）管理思想

管理思想是关于管理的观点、理论或观念，是管理理论与实践在人的头脑中的一种反映。思想是行动的先导，管理思想能够对管理实践发挥重要的指导作用。管理思想会伴随社会和管理实践的产生、发展与变化而发生改变。古代朴素管理思想在四大文明古国等国家中非常兴盛。公元前 1000 多年，古巴比伦的《汉穆拉比法典》就体现出了远古法规管理的思想。我国在公元前 1000 多年诞生了相关管理思想，在这之后又有人治、法治等管理思想产生。19 世纪后期，受机器大工业生产的影响，欧洲产生了过程管理、古典科学管理等思想。20 世纪 60 年代之后，产生了大量管理学派，促进了管理思想的繁荣。

高校学生管理是教育管理的重要组成部分，管理思想和教育管理思想均为复杂综合的重要理论课题，高校应将二者与一定的思想理论进行紧密关联，以确定基本管理方向。站在哲学的角度进行分析，高校学生管理思想主要包括以下内容。

1. 运用相互联系的管理思想

高校学生管理属于社会现象，具有很强的综合性与复杂性。从宏观角度来看，高校和社会、家庭乃至于整个时代都是存在密切关联的，广大高校学生也不是孤立和隔绝于世的，因此高校学生管理会涉及社会、家庭，在影响时代的同时也会受时代的影响或制约。

从微观角度来看，高校学生管理的各个要素之间存在着相互联系与制约的关系，如管理和教育之间的关系、管理和服务之间的关系等。

2. 运用动态平衡的管理思想

管理是一个系统性过程，该过程处在持续不断的发展变化中，不仅会受政治、经济、文化等诸多要素的影响，还受高校本身诸多因素的影响。管理工作也是如此，其是在发展过程中不断地完善与进步的。另外，被管理者以及被管理者的思想行为、人格等也会在管理过程中被发展完善。因而，将动态平衡管理理念应用到管理实践当中，就要用哲学中的发展观点，做到与时俱进，立足现实，着眼未来，探究新情况，解决新问题。

3. 运用对立统一的管理思想

高校学生管理实践活动中包含着多元化的矛盾关系，因而要借助对立统一的管理思想来处理问题与矛盾，如管理者和管理对象之间存在着矛盾，这时便要用对立统一思想指导管理实践。

4. 运用实践探索的管理思想

实践是检验真理的唯一标准，实践也是正确认识的主要来源。高校学生管理具有极强的实践性，同时对操作性也提出了极高的要求。所以在推进高校学生管理时，必须树立实践意识，培养管理者探究、创造的勇气，在实践当中把经验提升为理论，以便更好地指导学生管理实践，促进学生管理的全面进步。

（二）指导思想

在对我国高校学生管理指导思想进行研究的过程中，需要特别注意运用以下观点与思想。

第一，坚持马克思主义中关于人的全面发展理论，培育"四有"人才是社会主义大学教育的根本任务所在。想要保证研究工作质量，首先一定要明确培养什么样的人才、怎样培养人才和为谁培养怎样的人才这几个问题。我国社会主义大学的性质决定了高校培育出的人才要具备扎实的科学文化知识与良好的身体素质，尤其要具有极高的社会主义觉悟。要实现"四有"人才的培育目标，就要严格根据马克思主义的人的全面发展教育思想，推动教育发展。有效培育德智体美劳全面进步的优秀的中国特色社会主义事业建设者与接班人，是最重要的教育方针，也是马克思主义理论精华在具体应用中的表现。高校要把培育全面发展的"四有"人才作为根本任务和落脚点。

第二，运用马克思主义关于辩证唯物主义的理论，用对立统一观点对高校学生管理工作进行引导，在管理实践中贯彻整体观念。马克思主义辩证唯物主义哲学是所有社会与自然科学的理论根基。马克思主义方法论与认识论体现在全部社会与自然科学中，因而必然也体现在高校的学生管理中。高校要利用对立统一观点，明确整体管理观念。从纵向上看，整体观念是局部与整体的统一。学生管理工作是指系统和局部构成的有机整体。学生管理系统的整体功能最终是由局部组合形式决定的，虽然局部拥有特定功能，但都应服务于系统的整体目标与功能，局部要素要以整体目标为基准建立起来。从横向上看，秉持整体观念是指处理局部间分工合作的一致性，将各部门进行有效协调，共同为培育全面发展人才的管理目标服务。

第三，利用高等教育与现代科学管理理论指导学生管理，推动管理科学化。现代治校理念要求运用现代科学进行学校与学生的管理。具体而言，一是要遵照教育内外部规律办事。例如，高等教育规模是由经济基础决定的，又会反作用于经济基础。高等院校是高等教育的重要平台和有效载体，当今人才竞争激烈程度逐步提高，市场化竞争更是空前激烈，思想观念、结构、体制等多个方面都出现了一系列的改革。高校一定要把握时代脉搏，面向市场办学。高校学生管理要持续不断地研究新情况与解决新问题，面向新时代培育复合型人才；要运用现代管理科学理论完成管理活动，确保学生管理组织机构完善，管理制度健全，人员责任、岗位分工恰当，职责明确，奖罚分明，动作协调一致，管理高效。运用现代管理科学理论指导学生管理，主要是应用基本原理，包括人的能动性、规律效应性、时空变化性、系统整体性原理。在具体的管理实践中，一定要促进组织系统化建设，决策科学化发展，方法规范化进步与手段现代化改革。

二、高校学生管理的基本原则和方法

原则是客观规律的反映，是观察与处理问题的根本准绳。社会主义大学管理的重要原则是学生管理内在规律的体现，不是主观臆造的。在整个学生管理体系当中，管理原则的地位十分关键，有承上启下的作用，为管理目标与实现目标的手段搭建了桥梁，是运用有效方法推进管理实践的根本要求。管理原则与管理目标、过程、方法、制度、管理者等要素存在紧密关联，同时处于指导地位。

（一）高校学生管理的基本原则

1. 方向性原则

管理是一种有目的的实践活动，实际管理工作一定要具有方向性。把社会主义方向作为根本准绳，是我国学生管理的本质特征。我国是社会主义国家，社会性质决定了学校所有管理活动的性质，所以高校学生管理一定要坚持党的领导，牢牢把握社会主义办学方向，以习近平新时代中国特色社会主义思想为指导，为社会主义现代化建设培养大批合格人才。这是高校学生管理最根本和最重要的原则。

2. 理论与实践相结合的原则

理论与实践结合，坚持实践是检验真理的唯一标准，是马克思主义基本原理，更是高校学生管理的基本准则所在。有效领悟与把握马克思主义科学和有关管理原理，掌握其精神实质，是做好学生管理的基础与前提条件。但管理原理、应用范围与实际价值会受诸多因素制约。党和国家在社会主义现代化建设过程中，制定了基本教育方针政策，在不同时期会结合差异化的特征，提出具体要求。这些方针政策与具体要求，应在高校学生管理的方法中进行有效体现。学生管理科学化，还要坚持从本校实际出发，考虑学生的实际特征，制订出针对性强的方法、策略。

3. 行政管理与思想教育相结合的原则

行政管理在培育社会主义合格人才的进程中作用巨大，给教育实践提供了重要的规范与纪律保障，高校具体的学生管理是借助规章制度与行为规律等科学指导与约束学生的思想行为。这些制度措施以及纪律表现为社会和高校集体意志对高校学生的要求，还体现为对高校学生行为的外部限制。不过，单一借助管理制度解决高校学生群体复杂的思想领域问题不切实际，同时也违背了科学规律。正确管理措施的制订与落实，一定要把提升学生的认知能力、提高学生遵章守纪的自觉性当作基础前提。只有将行政管理与思想教育相结合，才能够提升学生遵守纪律的自觉性，从而有效提升管理质量与效率。

4.民主管理原则

社会主义高校学生管理体系中一项非常关键的内容，是要对学生进行自我控制与管理能力的培养，使学生能够在管理实践中拥有主人翁意识，积极主动地参与管理活动，充分调动学生的主观能动性。为了保证学生自主管理的实现，一定要在学生管理中落实民主管理原则，保证整体目标的达成。

就高校学生心理发展的特点而言，大学生正处在自我发现的阶段。这个阶段的学生拥有非常强的支配自我与环境的意识，他们的思想行为和中学阶段的学生有着非常明显的差异，特别是在独立性方面，他们渴望个人人格与意志得到尊重。面对高校制定的规章制度以及纪律等方面的内容，高校学生会主动思考其合理性，通常不希望被动服从，渴望直接参与到管理当中。结合高校学生的心理特征，在学生管理中一定要发扬民主，让学生既是管理对象，又是管理主体。在落实民主管理原则时，特别要关注党团员学生作用的发挥，合理选拔优秀学生干部。

（二）高校学生管理方法

高校学生管理方法是以管理原则作为有效依据，为保证学生培养目标的实现在具体管理环节运用的所有方法、步骤、途径、手段等，通常情况下有以下几种：

1.调查研究

高校要经常性地调查和了解学生的实际情况，有效选取针对性强的处理方法。在调查研究过程当中，一定要针对调查对象、目的、方法等内容，做好科学规划，不可敷衍了事；必须做到实事求是，有效运用马克思主义立场、观点、方法，注重综合性地研究分析调查材料与调查事物。

2.建立规章制度

在高校学生管理过程中，应逐步建立科学化的管理制度体系，这是确保学生管理工作有章可循的基础。制度建设一定要与高校学生身心特征相符，同时要与整个教育规律及学生管理目标相适应。与此同时，高校管理制度要随着教育的改革与进步不断地进行完善，还要维持相对稳定性。

3. 实施行政权限

高校要结合学生管理目标、内容等制定规章制度与相关的行为规范，利用行政方法实施有效管理，通过有关管理部门与师生、员工共同监督检查的方式，促使学生集体或个人符合管理目标规范。行政方法通常有惩治和褒扬两种：在具体的管理过程中，针对能够认真遵守相关管理制度，思想行为与规范相符的个人或集体，应大力褒扬；对于违规违纪，思想行为不符合管理要求的个人或集体，要给出限制措施，同时要用严格的制度惩治行为极度恶劣者。

4. 适当运用经济手段

经济手段实际上是补充行政方法的一种策略。在具体的学生管理环节，经济手段是指给予必要的物质奖励或物质上的惩罚。选用经济手段并不表示行政方法难以确保管理工作的有效实施，而是因为经济手段会直接触及学生的物质利益，能够发挥极大的作用，而这种作用是行政方法无法代替的。在选用经济手段进行学生管理工作时，不能只关注经济手段的奖惩而忽略日常教育指导与行政管理，也不能只注重采用经济手段奖励优秀学生，忽略用同样的手段处罚违规违纪学生，更不能只关注处罚而忽略奖励，否则会直接影响经济手段作用的发挥。

第三节 高校教育管理的重点与意义

一、高校教育管理的重点

（一）高校教学管理的特点

教学管理在高校管理实践中占有不可替代的地位，同时管理活动带有明显的特殊性，这也决定了教学管理有以下几个明显特点。

1. 高校教学管理的能动性

能动性是教学管理的一个显著特点，这里指的是人的主观能动性。教学管理的主要对象是师生，能够有效调动师生的积极性是衡量教学管理质量的关键标准。在整个教学管理体系中，师生拥有双重身份。教师在对学生进行教学指导时扮演的是管理者角色，而教师在作为高校教育教学执行者时，属于管理对象。学生是学校与教师的管理对象，同时也是自己学习的自我管理者。不管师生扮演着怎样的角色，承担着怎样的身份，他们都具有主观能动性。

2. 高校教学管理的动态性

动态性指的是教学管理各环节均处在动态发展进程当中。比如，人才培养方案要随着社会经济变迁而不断地更新完善，教学质量评价系统要伴随建设内容的改变而更新。正是在持续不断的总结提升和动态化的协调处理中，才使教学管理水平与质量得以提升。

3. 高校教学管理的协同性

教学管理担负的重要任务是协调学生个体与学校、教师之间的集体活动，有效发挥师生个性，推动个人与集体的协同进步。

4. 高校教学管理的教育性

教学管理者利用科学制定管理制度、优化管理过程、设置奖惩制度等方式，指导学生进行自我教育与管理，推动学生自我服务，最终实现育人目标。

5. 高校教学管理的服务性

高校的中心工作在于育人，教学管理要紧紧围绕教与学，并为其提供良好的服务。树立正确的服务意识是对教学管理者提出的根本要求。

（二）高校教学管理队伍的结构

高等学校教育教学管理队伍由分管教学副校长、教务处全体人员、学院（系）主管教学副院长（副主任）、教学秘书（教学办全体人员）和教务员组成。教学管理人员的结构主要包括学历结构、职称结构、年龄结构、学员结构等指标。学历结构上科级以上管理人员岗位应具备硕士及硕士以上学历，博士占一定比例；职称结构上处级岗位、教学副院长（副主任）和重要科级岗位应具备副教授以上职称，教授占较大比例；年龄结构上老中青各层次人员合理分布，教学管理队伍既要有教学管理经验丰富的中老年专家，又要有充满活力、信息技术强的青年骨干；学员结构上非本校人员应占多数比例，以有利于发挥不同的管理思想，承担重要工作的教学管理人员应具有基层教学管理工作经历。

（三）高校教学管理的重点

1. 注重提高教学管理人员的职业道德和业务能力

高校要意识到教学管理者在学校长远发展建设中扮演的角色和发挥的不可替代作用，要有效培育其思想政治素质，使其树立事业心与责任心，始终秉持奉献精神。

教育管理者所处的位置非常关键。教育管理者要发挥承上启下的作用，担当上传下达的责任，不仅要贯彻落实上级部门给出的工作安排与文件精神，还必须协调组织教学管理活动，同时要面对教师，处在和学生沟通互动的前沿。这样的工作定位与职责呼吁教学管理者要具备职业道德与高度的责任意识。

教学工作涉及范围广，内容多而复杂，很多事都要关注细节。因此，教学管理者必须具备精诚合作的精神。高校教学管理的一个重要特征是层次化管理，既有独立，又有彼此的团结配合。只有具备团队协作精神，懂得如何合作和协调，才能够全方位地处理好实际工作，做好分工，有条不紊地解决好诸多问题。其次，要有极强的业务素质能力。教学管理者的业务水平与能力素质是独立开展教学管理工作、有效突破实际难题、完成各项管理任务的根本。学校要关注教学管理者业务素质水平的提升，使其能够熟练把握以及运用高等教育的专业化知识，把握教学管理基本理论与专业知识，有效评估教育教学的发展态势，协调不同部门与不同因素之间的关系，推动信息的顺畅流动，革新管理策略，全面提升管理水平，从实际出发开展教育科学研究和实验活动，有效推动教育管理现代化与科学化。

2. 正确处理教学管理与教学质量的关系

教学管理是学校针对教学工作不同环节开展的管理活动，是结合既定管理目标与原则对教育教学实施的有效调控。教学管理各环节均与教学质量存在着密不可分的关系。教学管理涉及的内容非常广泛，从教学质量评价系统来看，包括培养方案、教学计划的制订、教学任务的安排、教学跟踪监测、信息收集、信息统计分析、质量评价等内容，同时也要特别注意结合反馈信息以及评估获得的结果进行教学计划的革新调控，其中每一项具体工作又会包括很多不同的方面。教学管理一定要紧紧围绕全面提升教学质量这个中心工作。高校应该全面革新与健全教学管理体制，积极建立有助于培养新型人才的教学管理制度。

3. 正确处理教学管理人员与教师教学任务的关系

教学管理者与教师共同担负着教育使命，前者以整合利用教育资源为主，后者以传播知识和启迪思想为主。管理育人与教书育人相辅相成，二者存在互相影响与作用的关系，属于同一个目的之下的不同层面，主要体现在以下几个方面。

第一，教学管理者是衔接教师和学生的纽带，负责协调处理二者之间的矛盾，从而有效营造优质的教学环境，确保教学和学习活动的有序开展。

第二，教学管理者可以通过整理分析教师教学质量信息，反馈教学和学习的实际情况，给出科学合理的评定，检查教师在教育教学中体现出来的学术与教学水平，评估其敬业精神，归纳、评估教师是否认真完成了教育任务及指标、规划，促使教师结合社会发展与市场需要，提升教学水平，培养高质量人才。

第三，教学管理者与教师共同参与学校各项事业的建设过程，如课程建设和教材建设等。教学管理者与教师应通过对教学的调查研究与分析工作，提出改革和优化教学的方案。

第四，大学管理者可以为教师提供教育教学方面的帮助，营造优良的教学环境，促使教师可以集中注意力投入到教学活动当中。

4. 注重教学管理与教学研究的关系

教学管理是一项系统性工程，需要长期的建设与积累。高校完成日常教学管理，维护教学秩序，只是完成了第一层次的工作，标志着拥有了良好的工作基础与教学环境，要想真正提升人才培养质量与教学管理质量，还必须积极促进教育教学研究工作的开展。大量教育实践表明，关注教育教学研究的高校，其教学工作的指导思想明确、目标选择恰当，能审时度势地从国情、校情出发确立新思想、新思路、新措施、新制度，教学工作和管理工作处于较高水平；

而教学管理和教学管理研究开展较差的学校，其教学改革往往比较落后，抓不住教学改革的重点与核心。因此，高校要特别关注教育教学研究工作，把握好提升教学管理效益与质量的关键点。

二、高校教育管理的意义

教学管理是高校教育工作的重要组成部分，对培养高质量的人才起着重要的作用。高校实施先进有效的教学管理，离不开高素质的教学管理人员。只有具备一支业务能力强、创新意识强、实干精神强的教学管理队伍，高校的教学管理水平才能不断地提高。

（一）教学管理人员具备的素质能力

现代教育要求高校教学管理必须适应时代的发展，因此处于第一线的教学管理工作者提出了更高的要求，要求他们具备多方面的综合能力和素质，具体表现在以下几个方面。

1. 高尚的道德素质

良好的道德素质是搞好教学管理工作的基本条件。高校教学管理人员的道德素质如何，直接关系着学校教书育人的成效。"学为人师，行为世范"，教学管理人员应以自身的思想、学识和言行以及道德人格力量直接影响学生，做到管理育人。

2. 强烈的责任心

教学管理工作既有较强的连续性，又会遇到新情况、新问题，工作头绪多、任务重。强烈的责任心能产生工作主动性，是教学管理人员必备的品德。例如，每学期的期末考试，从安排、组织考试，到上报各种考试报表，再到各科试卷、成绩单的整理归档，每个环节都必须认真负责，才能较好地完成工作。

3. 扎实的业务知识素质

首先，要掌握系统的管理学知识。随着教学体制改革的深入，教学管理人员应掌握系统的管理学知识，按照管理规律办事，采用科学的管理方法，合理地分配人力、物力、财力，提高教学管理工作的效率。其次，要掌握相关学科知识，这是搞好教学管理工作的基础。院级教学管理人员应了解本院各专业的培养目标、课程体系及各教学环节的有关内容。最后，随着科学技术的飞速发展，办公自动化的程度越来越高，教学管理人员应学习和掌握相关的信息手段与技术，如掌握学籍管理系统、教材管理系统、教务管理系统、教学评估系统、毕业证书管理系统的应用及有关日常文书处理软件的使用等，促进教学管理方法的创新，保证教学管理工作的规范化、科学化和现代化。

4. 较强的工作能力素质

能力是使教学管理活动顺利完成并获得预期效果的基础和保障，能力培养和提高甚为重要，一名优秀的教学管理人员应具备一定的组织管理能力，较强的协调应变能力，利用现代化设备获取信息、处理信息的能力，较强的调查研究能力及团队协作能力等。这些能力是教学管理人员准确评估教学的发展趋势，协调各教学单位之间的相互关系，促进教学信息良性流动所应该具备的基本素质能力。

（二）教学管理的重要性

从世界高等教育的发展趋势看，深化教学管理是当今世界高等教育发展趋势的客观要求。提高人才培养质量是世界各国面临的共同课题，高等学校也都在思考21世纪的高等教育应该如何发展。严格规范的教学管理，特别是加强教学质量的控制，是提高高等教育质量的重要保证，向管理要质量是教学改革的重要任务之一。

从高等学校教学管理的实际需要来看，近年来，我国高等教育得到了快速的发展。但是，一些院校还没有形成健全、完善的科学管理制度。由于办学规模的不断扩大，师资队伍的结构发生了较大的变化，教学和管理的经验不足，对传统的研究不够，教学管理队伍的建设还没得到充分的重视，教学管理干部的素质结构和水平、教育思想的观念还不能适应现代化高等教育快速发展的要求，这在一定程度上制约了教育教学改革的深入发展。

从高等学校教学和管理队伍的历史、发展和形成来看，目前绝大多数从事教学管理工作的人员在校学习期间都缺乏系统的教育学、心理学、教育管理学等方面专业技术知识的学习。大部分人员是通过实际工作的不断探索而逐渐积累经验的，因此不能从理论上、教学规律上更好地把握教育工作和教学改革的建设工作。

从高等教育科学的发展来看，许多学校没有把高等教育教学管理作为一门科学来对待。学校的教育教学管理不到位，没有形成必要的校内外教育研究信息沟通机制。学校缺乏教育教学研究的氛围，缺乏有组织、有计划、有目的的教育教学及管理研究，对学习、借鉴、继承、发展等一系列问题缺乏系统的思考和具体安排。

（三）管理队伍建设的意义

建设一支综合素质过硬的教学管理团队，是有效提升高校核心竞争力的重要举措。随着社会的发展，高校间的竞争越来越激烈。"如何招到更多的优秀学生，如何培养出更多的高素质学生，如何使本校的学生在就业市场占据有利的地位，成为各高校普遍关注的重要问题。"从新生入学到毕业生离校的整个学习过程，任何一个环节都离不开教学管理的保障。教学管理队伍实力强，则贯穿于教学过程中的理念就先进，制度就健全，教与学的环境就更严谨、公正，学生掌握的知识和技能就更全面，加强管理队伍建设将使教学质量得到提高和保障。

加强教学管理队伍建设是提升学校教学工作水平的必由之路。2006年，教育部颁布的《普通高等学校本科教学工作水平评估方案》列出了19项二级指标，"管理队伍"是其中的考核项目之一；2004年，教育召开的第二次全国普通高等学校本科教学工作会议后出台的《关于进一步加强高等学校本科教学工作若干意见》中，教育部共提出16项具体要求，其中"强化教学管理……加强教学管理队伍建设"是其中之一。由此可见，在考查教学管理水平时，教学管理队伍的建设是重要的评价指标。在实际工作中，教学管理队伍也确实为提升教学工作水平发挥了关键性的作用。无论是办学指导思想、师资队伍建设、教学条件和利用、专业建设与教学改革，还是教学管理、学风与教学效果，所有这些决定教学水平的项目，都与教学管理人员的工作息息相关。只有加强教学管理队伍建设，并将高素质的教师队伍与高质量的教学组织管理有机地结合起来，才能不断地提升教育教学质量和教学工作水平。

加强教学管理队伍建设是提高人才培养质量的重要手段。人才培养是高等学校的根本任务，人才培养质量是高等学校的生命线。为全面提高人才培养质量，必须强化教学管理，深化教学改革，积极推进教育创新。尤其要推进人才培养模式、课程体系、教学内容和教学方法的改革，促进传授知识、培养能力、素质提高的协调发展。教学管理人员是深化改革、推进创新的主要策划者、实施者和监督者。教学管理队伍的水平直接决定了学校教学改革的广度、深度和力度。所以，提高人才培养质量必须加强教学管理队伍的建设。

第四节　高校大数据教育管理一般性分析

高校大数据教育管理是教育现代化的客观要求，具有科学性、及时性、互动性、差异性及权变性等特点，具有传统高校教育管理无法比拟的优势。在高校大数据教育管理实践中，相关关系和因果关系仍是高校事务之间最主要的两种关系，它们并不是相互排斥的，相关关系不仅不能取代因果关系，反而是快速清晰的相关关系分析可以为寻找因果关系提供指导和帮助。值得注意的是，高校教育管理中的大数据与商业领域中的大数据运用有着根本区别：商业领域不太重视因果关系，比较重视相关关系；而高校教育管理中的大数据以相关关系为切入点，最终目的是寻找特殊的相关关系——因果关系。

一、高校教育管理大数据的类型

大数据技术是高校教育管理由传统的科学管理向文化管理进化的重要力量，随着高校大数据平台的建设，教育信息技术在校园的广泛运用，高校教育管理大数据呈现多样化、复杂化、动态化的趋势。从不同的角度划分，高校教育管理大数据具有不同类型。

（一）按性质划分

按性质划分，我国高校教育管理大数据可分为结构化数据、非结构化数据和半结构化数据。结构化数据是工整的数据，其可以用二维表的结构来进行逻辑表达，属于关系型数据。非结构化数据包括所有格式的办公文档、文本、图片、智能硬件结合数据、标准通用标记语言下的子集可扩展标记语言（XML）、超文本标记语言（HTML）各类报表、定位（GPS）数据、图像和音频/视频信息等教学资源，不适合用二维表存储。而半结构化数据，顾名思义，其既不属于结构工整数据，也不属于非结构工整数据，而是介于二者之间的数据，如HTML文档就属于半结构化数据。半结构化数据一般是自描述的，数据的结构和内容混在一起，是用树、图来表达的数据。和其他领域的大数据有着相似的特征，目前，在我国高校大数据中，非结构化数据占主流，达到80%左右。据相关研究预测，未来我国高校非结构化数据将占到95%。

（二）按来源划分

按数据来源划分，我国高校教育管理大数据可分为两类：一类是来自教育系统内部与教育教学有关的数据，包括高校教学、科研、人事、学工、党团、后勤、图书等部门生产的大数据，这是教育管理大数据的主要来源；另一类是来自外部数据源的数据，特别是互联网和社交媒体产生的数据。随着社交媒体的发展和移动5G、宽带及局域网的发展，大学生对网络化的依赖性越来越高，与此同时产生的大数据也在不断增加。根据数据产生的部门，也可把高校教育大数据分为四类：教学类数据、管理类数据、科研类数据以及服务类数据。

（三）按主体划分

按采集业务划分，我国高校教育管理大数据可分为学生教育管理类大数据、教师教育管理类大数据、综合教育管理类大数据和第三方应用大数据四类。学生教育管理类大数据主要来源于学生的学习和生活及社交活动，如学生的基本信息、考勤、作业、成绩、评奖评优、参加的各级各类活动表现及学生网络轨迹及表现等。教师教育管理类大数据主要包括教师基本信息、备课教案、课堂教学、作业批改、答疑解惑、科研数据、评奖评优、进修培训、参加的各类活动及社交活动、网络活动的数据等。综合教育管理类大数据包括学校基本信息数据、学校各项评比类数据、学校各项奖励等。第三方应用大数据包括金融缴费、教学资源、生活服务、云课堂、微课及慕课资源等。

（四）按数据结构划分

高校教育管理大数据的结构可分为四层，从内到外分别是基础层（教育基础数据)、状态层(教育装备、环境与业务的运行状态数据)、资源层(各种形态的教学资源)和行为层(教育用户的行为数据)。一般而言,基础层和资源层数据属于结果性数据,状态层和行为层数据属于过程性数据。基础层大数据主要包括人事系统、学籍系统、资产系统数据等,主要服务于高校管理者宏观掌握高校发展状态进行科学决策,一般是结构性数据;状态层数据在智慧校园中主要靠传感器获取,主要服务于高校管理者掌握各项教学业务运行状况,优化教育环境;资源层数据以非结构化数据为主,主要包括网络教学资源(以慕课、微课、应用软件(App)、电子书等形式存在),也包括上课过程中产生的笔记、试题等动态生成性资源;行为层数据包括教师行为和学生行为数据,教师行为数据占主体,主要服务于个性化学习、学习路径推送、行为预测和发展性评价。

二、高校大数据教育管理的特点

传统高校教育管理存在形式单一、反馈不足等诸多弊端,这与教育管理现代化的发展要求是相悖的。高校大数据教育管理则可成功破解以上难题,发挥科学性、及时性、差异性、整合性、权变性等特点和优势,彰显数据管理的魅力。

(一)高校大数据教育管理的科学性

传统高校教育管理决策模式大致有四种:依靠决策者的理性认知来决策的"权威型模式",通过"合意"过程来平衡大学内部多方群体利益的"学院型"模式,通过"扩散"程序表达不同群体利益的"政治型"模式,决策程序无章可循、随意性大的"有组织的无政府型"模式。这四种模式的共同弱点是决策者的"有限理性",缺乏科学性。大数据的核心是预测规律,高校大数据克服了传统小数据的局限性和不能反映整体情况的弊端,通过全面的考量,洞察隐藏在师生复杂、混乱的数据背后的行为规律,从而提高教育管理的科学性。马克·吐温说过:"历史不会重演,却自有其韵律。"预测人类的行为是一个经久不衰的梦想,科学家为之努力了上千年,大数据使这个梦想变为现实。人类行为的93%是可以预测的,是有规律的,美国人艾伯特-拉斯洛·巴拉巴西认为,人类的大部分行为都受制于规律、模型以及原理法则,而且它们的可重现性和可预测性与自然科学不相上下，人类跟悬浮在水中的花粉微粒其实没有什么不同。受到某种跟左右花粉运动一样神秘的原因的驱动，人类大部分时间也是在运动不止。不同的是，人类不是受到微小而不可见的原子撞击，而是被转化为一系列任务、责任以及动机的不可见的神经元的颤动所驱使。利用大数据技术能增强高校教育管理的科学性。高校教师的科研数据、教学数据、评奖评优数据、参加各类大赛数据及其生活、作息、交友、娱乐等数据之间，以及它们与学校的管理机制、制度、投入等都有着诸多关联，这些数据背后都隐藏着规律。比如，可以通过对科研成绩斐然教师的作息与科研之间的关系、兴趣爱好与科研之间的关系、教学成效与科研的关系等诸多维度进行数据关联分析，建立数据模型，寻找其中的规律，为科学决策提供依据，从而更好地制定学校的科研政策、教学管理制度及评价制度。同时，高校教育管理大数据对于学生的学习与需求、舆情监控及科学决策都有重要意义。学生的学习成绩、能力素质、上网习惯、图书借阅、就餐情况等之间存在某种关联，通过数据分析寻找这种关联和规律，可以增强教育管理的科学性，从而收到"事半功倍"的效果。

（二）高校大数据教育管理的及时性

莎士比亚说过："凡是过去，皆为序曲。"大数据则是以运算的形式来诠释此道理的。"智慧校园"的前提是教育管理信息化，大数据技术是高校教育管理智慧之道的依凭。高校教育管理大数据是即时的、当下的，具有预警性，这为教育管理者抓住关键时期开展工作提供了技术保障。在网络深度覆盖的校园里，师生活动处处有数据、有信息，形成空前的数海。暂不考虑这些信息的现象是否与本质完全吻合，但是一些异常的信息和规律性的信息总是会在海量数据中涌现出来。对异常的信息，通过相应数据技术设立容忍度和临界点，使之达到界限后便会启动报警系统，最终起到防患于未然的作用：学生的交际问题、学业问题、就业问题、感情问题及经济问题等，都必然会通过各种媒介得到展示与宣泄，而高校利用大数据技术，可以做到因势利导、超前谋划，及时预防和处理危机事件，避免或减少相关损害。

（三）高校大数据教育管理的差异性

高校大数据教育管理的科学性、及时性是从宏观上来讲的，而高校大数据教育管理的个性化，则是从微观上来讲的。因材施教、个性化管理和多样化人才培养一直是教育的理想，高校教育管理对象具有差异性，正如马克思所说："我的对象只能是我的一种本质力量的确证，也就是说，它只能像我的本质力量作为一种主体能力自为地存在着那样才对我而存在，因为任何一个对象对我的意义，都以我的感觉所及的程度为限。理性与道德只有在自我确认中才能成为一种"为我"的存在，从而在肯定人的生命的前提下，促进人的全面发展。尊重大学生的个性特点、兴趣爱好、能力差异、家庭背景差异等，是高校教育管理者做好教育教学管理和服务工作的前提。尊重是爱，尊重是方法，尊重是境界。局限于技术及精力，在小数据的时代，高校教育管理者要做到见微知著是比较困难的，但是在大数据时代，这一切都变得容易了。大数据教育教学资源可以为学生量身定做适合学生个性特征的培养方案和课程清单，让学生突破时空限制，享受高质量的教育教学资源。大数据时代的个性化学习，可以预测学生群体活动的轨迹和规律，为高校教师改进教学提供有效反馈。因此，大数据技术是高校精准教育、精准帮扶的重要保障。

　　基于大数据的高校教育管理克服了传统教育管理中的单向度缺陷，实现了师生的互动，从而产生互动效应。互动效应在心理学上指两个或两个以上的个体通过相互作用而彼此影响从而联合起来产生增力的现象，亦可称之为耦合效应或联动效应。一般来讲，赋予积极感情的行动，将会收获积极的感情反应。高校单向传授和灌输式的传统教育教学方式，由于缺乏感情的互动，导致教育教学缺乏实效性。在大数据教学平台上，高校教师与学生可以即时互动、答疑解惑、传道授业。对于学生做题的速度、学习的进度，教师都可以实时监控，做出处理，其他学生也可以做出解释和指导。在这样的互动学习氛围中，信任、支持、谨慎、勤奋及求精等情感信息得到释放，从而在整个群体中产生积极的互动效应。针对教育命题，基于大数据的高校教育管理鼓励大学生积极参与，充分发挥其主人翁精神，使其为问题的解决、为学校正能量的传播贡献计策；在学校社交平台或学习平台上，针对就业困惑、心理困惑及学习困惑等，充分发挥朋辈效应的作用，使学生自我教育、自我发展，从而实现教育的"润物无声"。

（四）高校大数据教育管理的整合性

　　高校大数据的整合包括高校内部和高校外部资源的整合。只有整合资源，才能使资源的利用价值最大化。高校通过大数据技术可以很好地实现资源整合。初级层次的资源整合是学校内部各部门、各单位之间的数据资源整合。通过大数据平台的建设，可以打破部门数据分割，实现数据共享，促进数据的公开和流通。高校之间及区域之间建立的大数据平台是资源整合的高级层次，这对于促进整个地区乃至国家的教育发展、资源节约具有重要的战略意义。发达国家利用大数据技术进行资源整合已走在前面。2012年以来，美国的顶尖大学陆续设立网络学习平台。目前，世界上主要的慕课平台有课程时代、哈佛大学与麻省理工学院共建的在线课程项目等。这些慕课平台的建立，不仅提高了这些高校的全球知名度和社会美誉度，而且对传播优质教育资源、促进教育发展都有着积极的作用。这对于我国具有重要的启发和借鉴意义。我国高校目前也在资源整合方面取得了一定的成绩，如清华大学、北京大学、上海交通大学及复旦大学等已建立起面向社会开放的大规模课程平台——"中国大学慕课"，其受益面在不断扩大。

（五）高校大数据教育管理的权变性

"没有绝对最好的东西，一切随条件而定。"权变管理的核心思想就是"以变制变"。管理没有定法，只能根据外部环境和内部要素的变化而采取不同的方法策略。对学生进行的教育教学管理没有一劳永逸的万全之策，也没有放之四海而皆准的适用公理，更没有适应一切学生的万能公式。学生的学习数据、教师的教学数据、管理人员的行为数据、监控中的安全数据等，都是动态的、实时的，形成一股股信息流，这些信息都是在不断变化的，因此"变"是高校教育管理永恒的主题。这就要求高校教育管理人员要及时掌握管理对象、管理内外部环境的变化情况，研究各种变化的趋势和规律，并研究各种变化之间可能的相互作用及后果，从而提前采取科学、适宜的有效方式来应对。大数据技术为高校教育管理者及时获取管理对象各种信息提供了技术保障，大数据的海量、快速、动态和便捷性有利于高校教育管理权变性的实现。

第二章 大数据背景下高校教育系统的变革与发展

第一节 大数据时代学生学习方式的变革

一、大学生学习方式现状

（一）认知现状：倾向并认可具身学习

本部分的调查旨在厘清大学生当下比较倾向的学习方式，以及该学习方式是否能满足其自身的学习需求。

1. 大学生主要倾向的学习方式为具身学习

具身学习具有主体性、情境性与体验性三大特征，由此衍生出定制式学习、移动性学习与混合式学习三种学习方式。而相对应的离身学习具有被动性、静态性与孤立性特征，包括掌握性学习、固定式学习与个体化学习三种方式。

2. 具身学习这一学习形式基本被大学生认可

在被问及"学习形式是否能满足自身学习需求"这一问题时，3.06%的大学生认为具身学习完全不能满足对学习的需求，8.50%的大学生认为具身学习很难满足自身对学习的需求，37.41%的大学生认为具身学习对学习需求的满足程度一般，47.28%的大学生认为具身学习对自身的学习需求能基本满足，3.74%的大学生认为具身学习非常能满足自身对学习的需求。即大学生中有51.02%的人认可具身学习这种学习形式，有37.41%的大学生认为这种学习形式有待商榷，仅有一小部分学生对这种学习形式持坚决反对态度，说明学生对具身学习方式的认可度有很大的上升空间。

关于大学生学习方式的认识现状，由调查结果可知，具身学习方式是目前大学生主要倾向的学习方式。当然，他们也没有完全摒弃传统的离身学习方式。从大学生对具身学习的态度判断可以看出，他们具有一定的甄别能力；同时，也从一个侧面说明具身学习方式存在一些问题，若有所改进，其在未来的上升空间还是很大的。

（二）表现现状：时空拓展、范围拓宽、互联网融合与多感官体验

学习表现是指学习者在学习过程中呈现出的个人行为倾向，且学习者的学习表现与其学习方式具有较高的内在一致性。在本研究中，学习者的学习表现被分为学习时空、学习内容、学习途径与学习过程中的感官参与等方面的偏好，具体调查结果体现在如下几个方面。

1. 学习时空得以拓展

有关调查显示，选择传统教室上课时进行学习的大学生仅占53.06%，有64.97%的大学生选择寝室休息时进行学习，55.78%的大学生选择在图书馆自习时进行学习，50.68%的大学生选择在食堂吃饭时学习，43.88%的大学生选择在乘坐交通工具时学习，还有3.74%的大学生选择了其他项。他们认为自己可以想学习时就学习，不受时空限制。这充分说明了学习者的学习空间已经从教室扩展至生活空间，学习时间也从正式上课时段延续至非正式时段，学习变成了学习者的一种自发行为。

2. 学习内容范围广泛

对大学生学习内容进行调查分析后得出平均综合分数，大学生在进行学习时，首选内容是专业知识（4.71）和时事新闻（4.38），其次是生活常识（3.62）和娱乐消息（3.26），然后是网络小说（2.08）、体育资讯（1.26）及其他（0.43）。这一方面是由于互联网的日益发达，"坐着不出门，尽知天下事"早已成为现实，学习者可以通过网络便捷地接触到想学的各种知识。同时，由于App的更新换代速度极快，通过智能手机、平板电脑等移动终端，学习者可以通过下载各种App进行学习。另一方面是因为网络小说资源相对于较靠前的学习内容会有所欠缺，更新也不会太及时；而体育资讯对女生而言，普遍不算是太感兴趣，所以导致这两项平均综合得分较低。

3. 借助信息化互联网成为学习常态

在被问及"是否更倾向于利用信息化环境或者网络等辅助学习"这一问题时，43.54%的大学生选择经常会，35.03%的大学生选择有时会，19.73%的大学生选择偶尔会，完全不会的仅占1.70%。由此可见，利用信息化或者网络辅助学习已经成为绝大多数大学生的必然选择。与之相对应的是学习途径，大学生在进行学习时，最常用的学习途径首先是浏览网页（5.5），可见大多数同学是通过上网发现或者解决学习中遇到的问题；其次是传统的看书做笔记（4.7），说明传统的学习方式依旧在大学生群体中占有一席之地；最后是观看录像音频（3.87）、面授或交流（3.72），这两者不分伯仲，说明大学生在借助互联网资源的同时，愿意将信息共享，而不是封闭式地进行学习。

4. 学习过程中的多感官融合

首先是视觉与听觉在三大类专业学生的学习过程中占比最高，分别为98.98%和97.62%；其次是触觉与动觉，分别为63.95%和55.78%；最后是嗅觉与味觉，分别占比40.14%和26.19%。然而，由于各专业的迥异特色，其中具体感官的分布也有所不同。除视觉与听觉之外，单就人文专业而言，动觉与嗅觉分别占比63.64%、52.27%；理工专业，触觉与嗅觉分别占比70.54%、66.07%；艺体类专业，触觉占比80%，嗅觉占比56%，动觉占比54%。综上所述，学习过程呈现多感官相结合的状态。

综上可以得出以下结论：第一，大学生的学习时空界限变得模糊，由于信息化技术的发展，学习成为随时随地可以进行的活动，这为具身学习提供了技术支持。第二，学习内容日趋多样化，关心时事成为学习本专业知识之外大学生人群的一大特色。陈寅恪曾指出，大学之大就在于其"独立之精神、自由之思想"，这与调查结果不谋而合，为具身思维的发展提供了有力载体。第三，借助互联网，学习已成为大学生学习生活的一部分，学习过程出现多感官日趋融合的状态，为具身学习的落地奠定了坚实的基础。

（三）适应现状：学习主体想法与现实行为相互矛盾

"适应"一词原引于心理学，其含义为主体对客体的一种反应以及主体和客体之间的相互磨合过程，具体包括主体与交互部分。学习适应则代表了学习者认识到学习条件的不足,通过调节自身去达到平衡状态的一种学习行为倾向。从主体维度,本部分的调查包括学习者的身体自由程度及其带来的影响、学习目标清晰程度;从交互维度,包括学习者在这类学习条件下的沟通交流倾向以及途径。

1. 对不尽如人意的身体自由度持理性态度

具身学习强调身体的感知是学习者习得知识的源泉。而身体自由度正是评判学习方式是否具身的一项重要指标。一般来说,学习空间的大小、学习途径是否借助肢体语言等会对学习者学习过程中身体的自由度产生影响。由于该名词对大学生群体而言不太好理解,所以调查通过创设某个具身学习情境让学生对比自己当下的课程学习,并回答"身体自由程度如何"这一问题,其中43.88%的大学生选择了一般,选择比较自由的占35.71%,选择不自由的占16.33%,还有3.4%的大学生认为十分自由。从调查结果来看,超过半数的大学生认为,在当下的课程学习中,身体的自由程度是不尽如人意的。由之前的数据分析可知,虽然在形式上,大学生倾向于具身学习方式,但在实际学习的过程中,由于一些原因仍然没有从实质上改变自身的学习方式,导致身体自由程度改观不明显。对于学习过程中身体的不自由这一现状,几乎所有的大学生都认为,这会对自己的学习产生一定的影响。具体来说,大部分学生认为,这会影响他们的学习知识程度、学习兴趣、学习方式以及自主学习能力。

2. 更愿意与人交流且主要借助网络手段

针对上述学习现状,在调查中发现,有50.68%的大学生选择更愿意经常主动与他人进行交流与讨论,34.01%的大学生选择有时主动与他人进行交流与讨论,而仅有1.7%的大学生几乎没有与人进行过沟通与交流。这说明,当前绝大部分的大学生在学习过程中更愿意主动与人沟通,并以此来平衡学习过程中身体自由度较低的现状。与此同时,在问及沟通途径的时候,85.71%的大学生选择通过QQ、微信、短信与人交流,67.35%的大学生选择通过传统的面对面形式,还有57.48%的大学生选择小组、群共享的方式。借助互联网与人进行沟通与交流已成为学习者的首选方式,这充分说明互联网已经成为大学生学习的必需品。

3. 自愿的学习活动在实际操作中大打折扣

大学生群体学习的最主要目的是提高学习技能，为将来的职业做准备，还有就是自身兴趣。从整体上看，61.22%的大学生学习是为了提升自己，也就是奥苏伯尔所说的内驱力，在这种目标指导下的学习活动是最稳定的，不会因为外界因素的干扰而产生改变。剩下38.78%的大学生是为了一些外部因素进行学习，如为了将来就业做准备，希望得到奖学金或者家长、教师的肯定等。这说明大部分学生进行学习是自愿、主动的活动，并不是被逼无奈之后的选择。然而，当被问及具体的学习过程中小目标的设定时，仅有25.51%的大学生选择制订学习计划并执行，超过3/4的大学生要么知道要制订计划，可是在实际执行过程中往往因为一些因素没能坚持到最后，要么就直接根据课表抱着"做一天和尚撞一天钟"的态度学习，还有一小部分干脆没有制订计划的想法。

综上分析，大学生的适应状况没有达到预期，适应能力也还有很大的提升空间。主要有以下几点问题：首先，虽然大学生群体在形式上更倾向于具身学习方式，可是在实际学习中，由于种种原因导致他们没有从实质上形成具身学习的方式。他们虽然意识到这一问题的客观存在，可是没有做出什么实质性的改变，即没养成真正的具身学习习惯。其次，大学生学习的总体目标明确，但是具体到如何落实的时候，大部分人采取消极态度，没有在学习中进行有效的针对性训练。虽然在调查中存在着上述问题，但是大学生也愿意主动与人交流沟通，并在大部分情况下借助互联网手段，这也说明了具身思维仍在不知不觉中对他们的学习行为起到一定的作用。

（四）学习环境现状：网络环境基本完善、心理环境适应平稳

学习环境包括外部环境与内部环境两部分。外部环境是指给具身学习提供技术支持的无线网络环境以及能开展具身学习的设备状况；内部环境则是指学习者通过具身学习收到了一定的学习成效，从而发自内心地使用具身学习方式。综合调查结果，大学生群体学习环境的现状具有如下特征。

1. 网络基本上已覆盖且数字化服务完善

具身学习具有体验性与情境性的特点，而这些仅通过上课或是听教师只讲知识点是无法做到的。所以，正是信息化与学习的高度融合才催生了具身学习

方式。换言之，网络的稳定性及在此基础上大面积的覆盖才能保障具身学习有效开展。除此之外，学习者学习设备的持有和教室、自习室等学习区域的数字化服务是否完善也会影响具身学习方式的运用。统计发现，27.21%的大学生认为自己所处的环境网络已全覆盖，53.4%的大学生认为自己所处的环境网络已基本覆盖。近3/4的大学生承认自己手边拥有2台以上数字化设备（如智能手机、电脑等）供其自觉进行学习，并且他们也认为自己所处的学习环境（教室、自习室、图书馆等）数字化服务很完善。

2. 学习者接受具身学习方式

当然，除了外部网络覆盖、数字化服务和学习设备的持有这些支持条件外，具身学习能否被学习者运用，还依赖于学习者内部的认知驱动。只有当学习者认为具身学习是有一定学习效果的，他才会自愿去使用这种学习方式。近3/4的大学生认为，在这样的环境中学习效果会更好，这也为具身学习的进一步普及创造了条件。

3. 具身学习被运用

在"这种环境能为自己创设情境，从而身体力行地学习"这一描述中，认为"完全符合"的占比11.9%，认为"比较符合"的占比56.8%。这说明具身学习不仅是大势所趋，而且已经被大部分学习者所运用。

总之，具身学习得以被运用，需要满足以下条件：第一，技术支撑。从调查结果来看，网络已经基本覆盖，且相应的学习区域数字化服务较为完善，说明技术环节基本达到要求。第二，设备要求。大部分大学生已经拥有满足条件的设备。第三，学习者的内在需要。近3/4的大学生认为具身学习效果更好，从侧面论证了学习者拥有具身学习的内在需求。

（五）情境及体验现状：学习过程注重情境感知并体验丰富

具身学习是大数据时代的产物，正是由于其独特的时代背景，使其兼具主体性、情境性与体验性三大特征。主体性表明学习者在学习中要有"自我"意识，而不是处于一种"被主体"的状态。情境性说明学习是一个动态的过程，而绝不是几个固定符号的堆砌。学习是活的，是具体情境的再现。体验性涵盖范围较广，包括交互体验、参与体验等。因此，本部分的调查旨在厘清当下大学生的学习过程有无情境感知及体验内容、这些感知与体验对学习者个人或者学习产生什么样的影响，并以此来佐证大学生学习方式从离身走向具身的现实。

1. 参与度高且注重情境感知

参与度是指学习者对学习过程的投入程度，且一般认为其与学习效果成正比。68.02%的大学生认为，自己能亲身参与学习并能对习得的知识留下深刻印象。同时，77.89%的大学生认为，当前的学习过程能让他们置身于情境中，且这种方式有利于他们的学习。这充分说明在当前的学习过程中，学习者自身拥有较高的参与度，已经感知到情境的存在，并非常认同其对学习的积极作用。

2. 学习体验更丰富

学习体验是指学习者在学习过程中动作与感知的结合。首先是学习者的行为活动。在调查中发现，在"对感兴趣的问题会经常自己主动找材料学习"这一描述中，认为"完全符合"的占比10.88%，认为"比较符合"的占比54.08%。这表明了学习者的主体意识，基本上完成了从原来"要我学"到现在"我要学"的转变。基于这样的前提，学习者对于当下的学习体验给出了积极的认同，这也是其次所要说明的学习者的主观感受。在"认为自己现在的学习过程更加人性化"这一描述中，认为"完全符合"的占比8.16%，认为"比较符合"的占比56.46%。而对于"学习过程多了交流与互动，能缓解学习者的一些学习压力"这一观点，近4/5的大学生表示赞同。这一调查也与近"3/4的大学生表示在学习过程中，会更愿意主动与他人进行交流与讨论"的结果一致。

（六）学习资源现状：数字化资源受青睐但仍需改进

学习资源作为研究学习方式的一项指标具有重要的参考价值。此次调查从学习者倾向的资源类型及其原因、对当前学习过程中倾向资源的评价以及原因、学习者自身对于学习资源的态度等方面展开了具体分析。

1. 便携性强、多感官结合、动态的数字化学习资源受大学生群体喜爱

根据学习资源的呈现形式，学习资源可分为纸质化资源与数字化资源。可以将数字化资源的使用看作信息技术发展浪潮下新型学习方式变革的缩影。调查发现，57.82%的大学生在学习中倾向于数字化资源，可见当前大学生群体普遍偏爱新型的学习方式。但是，42.18%的大学生选择了纸质化学习资源，这与"综

合得分 4.7 的学生选择看书做笔记"这一传统的学习方式调查结果相吻合。从倾向理由上来看，绝大多数大学生认为数字化资源便携性强，能满足他们随时随地想学就学的需求；大部分大学生认为，数字化资源能够调动他们的多感官混合体验，能让他们不知不觉地完成学习任务；还有相当一部分大学生认为，数字化资源呈现方式动态，能让他们在学习的过程中置身于具体情境，从而产生一种浸润体验，这与"77.89% 的大学生认为，当前的学习过程能让他们置身于情境当中，且这种方式有利于他们的学习"调查结果相契合。另外，还有较少的一部分学生选择纸质化资源的原因是认为其方便回读、准确率更高并且具有高沉浸度，不至于分散注意力。

2. 种类丰富、便携性强、更新及时的数字化资源获好评

在对倾向的学习资源质量进行评价时，2.04% 的大学生选择了非常满意，43.88% 的大学生选择了比较满意，即接近半数的大学生对现阶段的数字化资源持积极态度。而他们这样认为的主要原因首先是由于数字化资源种类较为丰富，能满足不同学习者的不同需求；其次仍然是便携性强，可以随时随地满足学习需求；最后是更新周期较短，能满足多感官混合体验。所以，种类丰富、便携性强、更新及时的数字化资源获得了大学生的一致好评。

3. 简短、有深度、安全性高的数字化资源稀缺

当然，由于大数据时代的到来使数字化资源获取更加便利，所以在目前的学习活动中，数字化资源的数量可以称得上是巨大的。由于其形式的多样性，不同的学习者能否真正从中受益并不能一概而论。调查发现，49.32% 的大学生认为，当前学习过程中的数字化资源质量一般，还有 4.76% 的大学生对当前学习过程中的数字化资源质量不太满意。其中，最主要的原因是他们认为，当前部分数字化资源篇幅长，导致他们没耐心看完。其次是因为他们认为，虽然数字化资源的种类极多，但是深度不够，导致学习活动偏向快餐化。他们无法集中注意力，很多数字化资源只是课本教材的简单复制粘贴，内容没有专业人士把关，质量无法保证。最后是有 39.12% 的大学生认为，一些数字化资源涉及个人隐私，导致信息易泄露。因此，简短、有深度、安全性高的数字化资源到目前为止是比较稀缺的。

4. 学习资源被基本利用，但自觉性不高

当被问及对自己感兴趣的学习资源态度时，仅有12.59%的大学生会选择看完就不再关注，大部分学习者表示会有所标记或者跟进。具体而言，其中15.99%的大学生选择转发并分享至信息平台，34.01%的大学生选择分类标记，方便后续跟进，37.41%的大学生选择摘抄部分有价值信息。这充分说明，绝大部分大学生能将自己感兴趣的学习资源基本利用起来。而当被问及是否会持续关注并自觉学习这些资源时，仅有27.89%的大学生选择"经常会"，剩下近3/4的大学生积极性都不算太高，这与"45.24%的大学生选择在学习开始前制订学习计划，但经常由于一些原因无法严格执行"的结果相吻合。从侧面证明了大学生群体在对于学习这一活动的态度上，虽然明确其目的与意义，但是在实践操作的过程中仍然有差距。因此，所得结论如下：首先，从资源的种类来看，当前学习者较为倾向于数字化资源，主要是因其具有便携性、多感官体验性和动态性。但是，传统纸质化学习资源因其回读性强、准确率高、具有高沉浸度，在当前的学习中依然占有一席之地。其次，从资源的特质来看，数字化学习资源大体上能满足学习者的学习需求，但存在着质量低下、泄露隐私、深度不足、篇幅冗长等弊端，希望资源的开发方面能考虑这些因素并有所改善。最后，从资源的利用来看，绝大部分大学生群体都能对自己感兴趣的学习资源用分享、标记或是摘抄等形式加以利用。但是，由于学习者自身积极性不同，可能会导致利用效果有所出入。

（七）学习媒介现状：网络移动媒介成"新宠"，而问题不容忽视

"媒介"在现代汉语词典中的解释是主客体双方产生关联的事物，可以理解为"工具"或是"手段"。学习媒介即学习者习得知识的工具，因此学习媒介是学习者开展学习活动不可或缺的一个重要组成部分。对学习媒介的选择与态度直接影响着学习者学习方式的使用。本书主要从学习媒介的选择类型、使用频率、是否满足学习需求及其原因几个部分来对学习媒介相关现状进行了具体分析。

1. 数字化移动学习媒介受青睐

调查显示，近3/4的大学生承认，自己拥有2台以上数字化设备(如智能手机、电脑等），说明学习者对于数字化设备的依赖程度之高，无论是学习还是生活，移动媒介正对每个学习者的思维与行为产生着潜移默化的影响。而本部分的调查又进一步发现，在大学生群体常用的学习媒介中，除了书本属于传统的纸质媒介，智能手机、笔记本电脑、电子词典、电子书阅读器、平板电脑和学习机这些数字化移动学习媒介都以较高的使用频率占据着学习的过程。因此，单从种类的数量上看，不难得出"数字化移动学习媒介更受学习者青睐"这一结论。

2. 智能手机、笔记本电脑、书本成为最常用的学习媒介

在对学习者使用学习媒介的频率进行排序后，智能手机得分6.78，排在第一位；笔记本电脑得分6.37，排在第二位；书本得分6.06，排在第三位；其他学习媒介的排名依次是电子词典、电子书阅读器、平板电脑和学习机，这说明运用移动媒介进行学习已成为大学生群体学习的常态。

3. 学习者对数字化移动媒介持积极态度

在调查中，近70%的大学生认为，自己所倾向的学习媒介能较好地满足自身的学习需求。主要原因有以下几点：第一，数字化移动媒介便携性强，可以让学习变成随时随地的活动，减少了"巧妇难为无米之炊"的无力感；第二，数字化移动媒介的使用，让学习信息更新换代更加及时，有利于学生群体紧跟时代发展，获取最新资讯；第三，数字化移动媒介上的学习内容更加鲜活，能让学习者产生多感官交互的体验，这是传统纸质媒介所无法带来的感受。这说明，数字化移动媒介具有相当广的大学生群众基础，并且学习者对数字化移动媒介持积极态度。

4. 分散注意力、独立思考时间减少以及质量良莠不齐等问题初见端倪

在对学习媒介进行评价时，仍有近30%的大学生对其持保留态度。究其原因，首先是他们认为数字化移动媒介的使用，如智能手机、平板电脑等会分散他们的学习注意力，从而导致学习效率低下；其次是太过于便捷，让自己思考的时间急剧减少，大脑退化，学习能力下降；最后是由于智能手机、笔记本电脑成为上大学的标配，加之各种移动电子产品越来越普及，一些大学生不知该做何选择，从而耗时耗力。综上所述，可以发现在学习媒介的现状方面，从类型上看，数字化移动学习媒介占绝对优势，这说明大学生群体具备了开展具

身学习的硬件条件。从态度上看，绝大部分大学生对数字化移动媒介持积极态度，认为其有较强的便携性，同时让学习资源更新换代更快，当然还能产生多感官交互的体验，这也正是具身学习的表现，从侧面说明学习者已从心底接纳这一学习方式，从而具备了相应的"软件条件"。不得不说的是，大学生群体中仍然有一小部分对其抱有思辨的态度，认为使用数字化移动设备学习，会出现分散注意力、独立思考时间减少以及质量良莠不齐等问题，希望能带给大学生以警示。

（八）满意度与问题现状：满意度不高，更向往具身学习

本部分旨在通过之前的问题回答，能让学习者对自身学习方式存在的相关问题有一个客观的理性态度，并针对问题给出一些具有操作性的改进措施。同时，在此基础上进一步明确自己理想中的学习方式，并激励自己缩小理想与现实之间的差距。

1. 学习方式满意度不高且问题需重视

经调查，近40%的大学生对自己目前的学习方式并不满意。而在被问及"目前的学习方式存在的相关问题"时，51.7%的大学生认为，学习空间相对缺乏，学习氛围不浓；50.34%的大学生认为，自身目前的学习目标是既定的，仍然绕不开标准化考试；45.92%的大学生认为，课堂学习缺乏交互性；44.9%的大学生认为，学习过程重知识符号学习，轻实践活动；42.19%的大学生认为，自身学习过程中缺乏相应的指导，所以不太适应；37.07%的大学生认为，目前的学习过程是线性的，师生之间依然是单向的知识讲授与接收；还有36.73%的大学生认为，技术支持不够完善，学习资源冗杂、辨识度低。上述问题正同离身学习的被动性、静态性与孤立性特征相对应，从侧面充分说明，离身学习依旧存在于当前的大学生中。

2. 个人、国家、学校形成合力成为解决问题的关键

针对上述问题的解决措施，可将其分成个人、国家与学校三个维度。从个人维度上来看，首先需要学习者主动发现并聚焦问题，收集有效信息；其次在学习过程中要做到理论与实践相结合，强化自身对数据的运用；最后就是要培养自身的数据敏感度，提高辨别能力。从国家的维度而言，首先要设立专门统

一的数据资源管理机构,加强对数据的管理;其次要出台相关法律法规,规范数据市场,加大打击力度;最后要加强数据安全知识相关舆论宣传。从学校维度来说,首先是要优化图书馆及智慧教室等数字化学习空间;其次是教师要针对学生能力加强个性化引导;最后是要组织相关竞赛、讲座等活动,鼓励学生参加,普及相关知识。

3. 具身学习方式是学习者的理想学习方式

关于大学生理想的学习方式,32.65%的大学生选择了创设情境身体力行感知学习,28.91%的大学生选择了数字化多感官混合体验式学习,28.57%的大学生选择了主动探究质疑的方式学习。也就是说,近90%的大学生选择了具身学习方式,这一调查结果与认知现状中"近70%的大学生倾向具身学习方式"相吻合。

综上所述,从整个问卷的数据分析来看,虽然大学生群体倾向于具身学习方式,具身学习也确实给学习者的学习带来了一些形式上的改善,但由于数据自身的弊端、学习者的自觉性低及课堂上师生交互少等原因,使具身学习方式并没有从实质上改变学习者生活,离身学习仍然占据一席之地。针对这一问题,无论是学习者或是教育者都要进行反思。

二、大数据时代大学生学习方式的问题与归因分析

本书经过此前对八个维度现状分析的概括,总结与归纳出大数据时代大学生学习方式的主要表征。与此同时,结合大学生群体对开放性问题的回答,分析出大数据时代大学生学习方式存在的相关问题,并在此基础上,厘清产生这些问题的原因,为当代大学生更有效地参与学习活动奠定基础。

(一)大数据时代大学生学习方式的特征呈现

从对大学生学习方式调查的数据中可以发现,大学生群体的学习方式呈现出比较鲜明的特色,而这些特征主要表现在学习工具、学习过程、学习体验与学习时空四个方面。

1. 学习工具

学习工具广义上是一个泛指概念,主要是学习者在学习过程中使用的能完

成学习任务的事物总称。因此，综合先前已有的分析，无论是学习途径、交流方式、学习环境的现状，还是学习资源、学习媒介的使用现状，其实都是学习工具的体现。离身学习是知识符号被印刷到课本教材上，再由教师将其呈现于学习者的被动学习过程。学习者充当的角色主要是学习教师所要呈现的知识，其中学习工具是没有感情的各种符号以及"灌输"。具身学习则是学习者对于学习工具的主动操控，这里的学习工具能支撑学习者思考。因此，它的作用不再仅被局限于传递，更为重要的是学习者自发运用和控制并与学习工具成了一种学伴关系。换言之，这是一种生态非物化的人机关系，学习者能够有效利用学习工具解决自身问题，满足学习需求。

2. 学习过程：多感官情境感知

在具身学习的过程中，情境的创设称得上是有力的抓手之一，因为情境在其中扮演着生长点的角色，与学习过程中问题的设计紧密相关。也就是说，在经历了传统课堂对生命活动的抽象与隔离之后，借助大数据的兴起，创设真实的契合度高的情境成为现实。通过学习者与情境的交互，便能实现大数据时代下的"做中学"。当然，其中除了视觉与听觉这样的基本感官外，还需要融入嗅觉、味觉、动觉等其他感官形成的情境感知。与此同时，从学习过程的情境感知及体验现状的问卷调查结果中能进一步得知，在大数据时代，近80%的大学生认为，当前的学习过程能让他们置身于情境当中，且这种方式有利于他们的学习。

3. 学习体验：涉身"流"式感受

"流"又被称为"心流"，来自心理学界，由美国心理学家米哈里·奇克森特米哈伊提出，表示个体投入到所进行活动中的整体感受。当学习者处于心流体验时，由于对学习活动的投入，便会产生时光的转瞬即逝和对整个学习过程了然于胸的掌控感。这与在大学生学习方式的调查问卷中，对于"自己经常能在不知不觉中完成学习任务，觉得学习比原来有趣"这一描述，近55%的大学生认为是符合当前现状的调查结果的契合度很高。之所以会产生这种体验，是因为具身学习不仅强调学习者主体思维与环境的交互，更为重要的是学习者的身体和环境的交互。换言之，也就是学习具有涉身性，即学习者的身体参与度较高。近 70% 的大学生认为，自己总能亲身参与学习并对习得的知识能留下深刻印象。因此，可以说学习的涉身性得到了充分的印证。综上，涉身"流"的学习体验是一种让学习活动扩展至学习者生活的三维立体空间，以更加适应学习者习惯的交互，从而使学习者浸润于具体的学习情境中，而逐渐进入状态的全新学习体验。

4. 学习时空：泛在交互

"泛在"的含义是无处不在，也是大数据时代兴起的对学习一种更为泛化的认识，即生活 = 学习。因为生活如同大杂烩，所以学习必然包罗万象；因为生活无边无际，所以学习随时随地。具身学习就是在数据网络支持下的一种泛在性与广延性的学习。其中，学习者可以结合自己的多感官来感知具体场景，并有效使用手边的数字化媒介，主动获取有用信息和资源完成学习活动。此外，由于互联网等信息技术的广泛渗透，学习者纷纷开始建构各种虚拟的学习共同体进行沟通与交流。

调查数据显示，由于数字化学习工具的发展与介入，产生了线上与线下相结合或跨学科的混合学习（35.03%）、使用手机或电脑等数字化设备的移动学习（18.03%）以及网络推送等方式持续关注的定制学习（17.69%）三种新型学习形式。与此同时，相比较传统的班级授课制固定时空进行学习活动，更多的大学生选择了寝室休息、自习室自习、食堂吃饭或者乘坐交通工具等时空进行学习活动。在此基础上，近 85% 的大学生认为，他们在学习中更倾向于交流而不是各学各的，这说明学习已然"泛在"化，并且在"泛在"中充斥着交互。

（二）大数据时代大学生学习方式存在的问题

大数据在给大学生学习方式带来机遇的同时，也对大学生群体的学习方式产生一定的消极影响。借助问卷调查结果的分析以及部分大学生给出的开放性问题回答，可以总结出大数据时代下大学生学习方式的问题主要集中在学习过程、学习行为、教师引导以及学习环境四个方面。

1. 低效的资源利用

大数据让数据资源的更新换代更为频繁。一方面，保障了资源的时效性，有利于学习者紧跟时代的发展；另一方面，新信息的涌现速度远远超过了学习者的学习速度，从而让学习者失去了对信息的掌控，产生一种不安全感。据调查，近60%的大学生认为，如果每天不及时上网浏览最新信息，会产生被淘汰的感觉。具身学习是学习者运用信息资源而产生有效学习的一种方式，而现在可以说，学习者已经被这些无穷无尽的信息所主宰，学习低效感油然而生，这种低效感主要体现在对学习资源的运用和对学习媒介的使用中。在对当前数字化学习资源质量做出判断时，43.54%的大学生选择了数字化资源导致学习时间零碎化，注意力无法集中；在对当前学习媒介的使用进行判断时，高达51.7%的大学生选择了分散注意力，导致学习效率低下。在调查中，有的被调查者这样说："数据更新太快，学习时忍不住想去刷刷微博，等拿出手机，突然看见前几天刚下载的听歌App，又想去试试看，不知不觉过了近一个小时。心里想着好浪费时间，下次再也不这样了，不过还是无法控制。"

类似的情况多次出现，一些大学生表示自己用平板、手机等移动设备进行学习的时候，总会忍不住分神，学习效率很低。自身也清晰地认识到问题所在，可就是无法从中脱身，反反复复，浪费了自己的学习时间。综上，大学生群体已然对具身学习在形式上产生了一定的依赖性，这样的情况又造成了大学生群体的困扰，从而形成表里不一的学习过程。如果没有及时更新自己的资讯库，会让自身萌发一种焦虑感。而一旦过多地介入又会被这些信息所牵制，从而影响学习活动。不可否认，大数据对具身学习的发展提供了一定的技术支持。但是，这样的技术带来了学习效率低下的后果，令大学生感到矛盾与焦虑，这样的现状不得不引起研究者的反思。

2. 停留表层的学习

大数据为学习者获取想要的资源提供便捷。随着技术的不断完善，学习者不用记忆，大数据就会帮助归类，根据其搜索的关键词推送关联度很高的学习内容。这种便捷往往成为学习进入深度状态的"绊脚石"，无论是在思维还是能力方面，学习者都容易停留在学习表层，久而久之就会形成浅尝辄止的学习习惯。学习是经由表层学习至深层学习的一个综合发展过程，其中，最原始的表层学习主要包括简单记忆与理解，而深层学习主要是对知识的综合、分析和运用。从调查结果来看，在对学习资源进行评价时，48.98%的大学生认为，部分资源篇幅较长，导致他们没耐心看完；46.26%的大学生认为，资源的种类虽多但往往缺乏深度，致使学习快餐化严重。在被问及对数字化媒介的使用体验时，高达48.3%的大学生认为，这些数字化媒介的介入让自身独立思考时间减少，学习能力退化。还有被调查者这样回答："自从有了手机跟电脑，觉得可以不用大脑了，只要知道如何搜索信息就好，记几个关键的词，有些专业术语多且难的段落就直接跳过。"

这些数据与学生的回答有力地证明了无论是从思维还是能力上，可以说目前大部分学习者在学习中都存有心浮气躁的态度，只能对知识进行简单的识记，还不能算达到理解状态，更谈不上运用。

反观现今的部分网络资源，不难发现，其受欢迎程度与其快餐化、视觉化等特点成正相关。学习者的目的旨在快速输入，至于思维过程已然被过滤。所以，学习者很难体会文字背后的深意，学习的过程逐渐变成简单的识记—接受—填空三者的结合。在调查中，仅有40%的大学生认为，自己对学习内容经常存质疑态度。大部分学习者的思维随着文字逻辑的缺失而变得迟钝，长此以往学习能力也会逐渐退化。

3. 欠缺的教师引导

教师是学习的助推器，相对于离身学习中教师对课堂的主宰而言，具身学习体现的是学习者的主体性，这就对教师提出了新的要求。一方面，需要教师能跟上信息化时代的步伐，改革自身的教育教学方式，熟练运用信息化工具来促进教学。另一方面，教师应化身学生的学伴，将学习的主动权归还给学生。根据调查结果，在学习者实际学习活动中，教师的指导现状不尽如人意。数据显示，近65%的大学生对"老师会通过举例、提供情境、设计活动等辅助方式让学生学习"这一描述给出了消极的回答。与此同时，当被问及"老师是否会经常根据学生的学习能力推荐或提供学习资源"时，仅有8.16%的大学生选择了"经常会"。不难看出，首先，教师的教学方式比较死板，可能还停留在线性的知识点讲授上，不太会通过一些情境或者活动等方式来辅助学习者进行学习活动。其次，教师离真正的因材施教还有相当一段距离，对学习者的学习协助较为缺乏。正如被调查者所言："虽然现在交流越来越便利，但与老师的交流次数依旧没有什么变化，很想同他进行讨论，可是每次一下课老师就匆忙地走了。有一些任课老师留的邮箱感觉形同虚设，除了交作业，一般发邮件很少有回复，所以觉得学起来有点吃力。"

这不是个案，而是普遍存在的状况，因为问卷中此类的回答还有很多。大数据的确给我们带来了大量的数据资源，节约了查找资料的时间，并且更新迅速，对于时政新闻这样一类具有时效性的资源更是具有一定的保真度，但与此同时会出现一些良莠不齐的资源，学习者容易迷失已确定的方向。教师指导的缺乏会让学习者很容易陷入以偏概全、先入为主的错误观念中无法自拔，从而产生习得性无助感。由此可见，教师指导的缺乏会使原本应该给学习者带来积极影响的具身学习造成学习无力感。

4. 不利的学习环境

环境是保障具身学习得以顺利开展的关键外因。然而在实际调查中，学习环境呈现出不利学习者学习的状态。当然，需要说明的是，这里所指的学习环境包含两方面：一是宏观数据环境，二是微观校园环境。

从宏观上来看，39.12%的大学生认为数字化资源涉及个人隐私，导致信息易泄露，如许多学生反映经常会收到各种骚扰电话或是短信，信息安全问题存在较大隐患。另外，36.73%的大学生认为由于大数据是新兴事物，所以到目前为止技术支持不够完善，导致学习资源冗杂、辨识度低。正如被调查者所说："网上资源太多，感觉很杂乱。质量无法保证不说，还经常出现一些劣质、骗人的消息，很容易让人误入歧途。"

从微观上来看，在调查中，有51.7%的大学生认为当前校园学习空间相对缺乏，学习氛围不浓。有被调查者这样说："自习室几乎是考研人的天下，图书馆一到考试复习周就会人满为患。在寝室不能安心复习，没有地方可以让我们好好学习。"

还有一部分被调查者这样回答："学校的校园网真是信号弱爆了，还经常掉线，我想下载学习资料也很困难，久而久之就不想学习了。"

由此可见，学习空间的相对缺乏与校园网的不稳定成为微观校园学习环境中备受大学生群体关注的问题。

（三）大数据时代大学生学习方式存在问题的归因分析

随着大数据与教育融合的进一步加深，学习过程中学习者对学习资源的低效利用、大多数学习者停留在表层的学习行为、教师对学习者指导的不足以及学习环境的数字化服务无法跟上等问题悄然显现。只有探究出问题背后的原因，才能从根源上各个击破，使大数据最终为学习者的学习保驾护航。下面笔者以更直观的方式呈现大数据时代大学生学习方式出现上述问题的原因，其中，学习者自身是"病原体"，大数据环境是"导火索"，教师则是"催化剂"。

1. 学习者自身：缺乏质疑精神、自制力弱

从哲学的视角来看，内因在事物变化发展过程中起决定作用，外因通过内因起作用，而学习者即为内因。换言之，学习者自身就是问题产生的"病原体"，其思维方式、行为特征等成为影响问题的核心因素。

首先，缺乏质疑精神。从调查数据得知，近60%的大学生对"常常对某些学习内容持质疑的态度"这一描述给出了否定回答。在对当前的数字化资源进行评价时，有48.98%的大学生选择了"部分资源篇幅长，没耐心看完"。毋庸置疑，我们当前处在信息化带来的快节奏生活状态中，各种学习资源以"快、准、鲜"吸引学习者眼球。当学习者习惯了这些言简意赅的数字化学习资源以后，那些篇幅太长、内容晦涩的资源自然不会成为学习者的首选。渐渐地，学习者形成了一种"依赖"心理，不愿意去质疑和思考，通过简单的鼠标点击便可以从百度、谷歌等搜索引擎得到答案。相较于以往边读书边做笔记的方式节省了太多的书写与思考时间，久而久之形成了"只知其一，不知其二"思维模式。质疑精神的缺乏导致他们思维活跃度退化，于是"不愿知其所以然"成为大数据背景下大学生的学习常态。

其次，自制力较弱。这主要体现在学习目标执行力低下和作息时间混乱等方面。当被问及"在学习开始前会如何做"这一问题时，有2/3的大学生选择了"制订学习计划，但经常由于一些原因无法严格执行"。同时，约1/4的大学生并无制订计划的想法，还有一部分大学生抱着"做一天和尚撞一天钟"的心态进行学习活动。之所以这样，归根结底是因为大学的生活与学习不同于高中。上大学之前，学习由教师督促，生活由家长照看；上大学之后，尤其是大一的新

生，生活上第一次完全离开父母的看护，进入"放飞自我"的空间，学习上也从"他控"变成了"自控"。心理学研究表明，强烈压抑后的释放，其力量是惊人的，而带来的往往是内心的空虚。在经历了高考的压抑之后，进入环境相对自由的大学，学生往往会通过玩来释放自己。这一方面导致他们作息时间出现混乱，危害身体健康；另一方面让一些学生逐渐迷失自己，玩得越厉害，其实内心越空虚，不知道自己该何去何从。加之一些学习者自制力不强，产生了能意识到问题所在却无法改正缺点的现状。正如有的被调查者所说："许多同学一般手机不离身，过几分钟不上网就浑身难受。这样容易导致学习效率降低，学习的知识也比较肤浅，可是又没办法控制自己，有时候除了上网真不知道自己该干什么。"

2. 大数据环境：信息安全弱、内容失真严重

自大数据诞生以来，其受关注程度一直居高不下。时至今日，其影响早已渗透生活的方方面面。虽然信息技术的发达值得欢欣鼓舞，但其自身存在的一些风险也成为不利于学习者的因素。

第一，隐私安全受威胁。如今，人们身处信息汪洋之中，与其说是在体验数据带来的便利，不如说是消费自身的隐私安全。大数据以"大"闻名，这其中必然包含学习者的隐私信息。从 App 的注册到网上考试报名再到预约就诊等，电话号码、住址、邮箱等个人隐私信息早已不可避免地被悄然收集。一些不法之人以此为跟踪目标或者将其变卖坐收渔利，于是勒索钱财、骚扰电话等事件屡见不鲜。令人更为忧虑的是，学习者似乎缺乏信息保护意识。从调查数据可知，近 70% 的大学生在浏览网页搜索资料时并没有或者没有足够的自我信息保护意识。这样，只会加剧隐私泄露事件的进一步发生，出现更为严重的信息安全问题。虽然大数据自身的安全隐患短期内非人力所能解决，但对学习者自身而言应该敲响警钟。

第二，信息失真入歧途。学习数据的进一步增加，会带来学习结果的不准确性，这是一些错误数据输入所造成的不可避免的后果，海量数据集和混杂数据源的融合会导致信息失真加剧。换言之，大数据在给学习者带来大量信息的同时，也无法回避地融入了一些虚假消息。这些消息容易使学习者误入歧途，

被数据所左右而将复杂的学习活动等同于简单的数据堆砌。学习者并非从学习活动本身出发来找寻相应的数据,而是本末倒置地通过数据来观测学习。殊不知,一部分数据自身就是虚假的,学习活动自然便失去了其原有的意义。在大数据时代,思维活动弥足珍贵,因为它无法透过冰冷的数字而得到。对数据的盲目推崇,最终只会弱化甚至消除思维对学习者学习的影响。归根结底,如何监测数据的真实性、怎样才能挖掘出有效的信息为学习者所用,是大数据时代研究者所面临的迫在眉睫的问题之一。

3. 教师角色:观念落后、数据运用能力不足

教师是学习者学习活动的助推器。在制度化的学校教育中,作为教书育人的教师,其特有的思维能力与教学方式给予了其影响学习者学习的权力。而如今,随着信息化与教育融合的进一步加强,教师却没有做好充分的迎接准备,于是在学习过程中出现了教师指导不足的问题,具体表现为以下两个方面:

一是教学观念的落后。学习过程即教师单向传输知识符号的过程,学习者成为无生命的知识的被动储蓄者,如同工厂的生产流水线。这种千篇一律、一成不变的教学模式深入部分教师的思维中,所以他们并不急于教学革新,更不明白只有充分尊重学生的个性,才能让一潭死水般的课堂焕发生机与活力。这其中,特别是一些教龄稍长的教师,可能对课堂改革抱有消极态度,不太愿意去改变自己长期以来的教学观念和教学方式。正如有的被调查者在调查中所说:"感觉大学老师上课跟高中一样,讲完就下课。期末就直接画重点,好好背一下都能及格,学不到东西,跟老师的交流极度缺乏。"

这说明线性的教学模式仍被一部分教师所接受。然而,身处当今数据浪潮之中的每个人都不可避免地受其影响,教师只有不断地充实自身,从"权威者"变成"学习者",才能真正担起教书育人的重大责任,最终建构网络化、数字化、个性化、终身化的教育体系。

二是数据应用能力不足。时代在发展,数据也在不断革新,大学生群体作为最快接受新鲜事物的受众群体之一,可以称得上是数据时代的"民工"。通过调查得知,他们对数据技术的利用和数据意识的觉醒能力都非常强,因为他们不用通过正规学习就会使用。相比较而言,教师的数据应用能力就显得较弱。

一些教师不太愿意主动去提升自己，所以逐渐丧失了与学生对话的优势，因此，无法有效利用多媒体教学设备进行教学，欠缺利用数字化资源创设情境、设计活动辅助学习者学习等问题接连出现。而只有当教师能够让学习者意识到所学知识与其存在着某种关联时，学习才会产生价值。换言之，这就给了教师一个明确的信号，需要其在教学中通过各种方式人为地为学习者建立起知识与自身的联系，以辅助其学习。很显然，教师数据应用能力的不足会阻碍这一目标的实现。

三、大数据时代大学生学习方式的优化路径

为使大数据能真正造福学习者，改善其学习方式存在的诸多问题，笔者针对大数据时代大学生学习方式的问题与归因，提出相应的优化路径。就归因源头而言，从学习者自身入手，提升学习者的数据素养；就宏观环境方面而言，净化当前冗杂的数据环境，创设绿色的数据环境；就教师角色而言，整改部分教师队伍，着力养成教师的数据思维；就微观环境而言，加快对校园数字化的改进，建构智慧校园。通过各方形成合力，协同规划大数据时代大学生学习方式的优化路径。

（一）提升学习者数据素养

如今，数据对学习者而言，是其学习持续改进的动力之源。所谓数据素养，是指在海量数据中能敏锐地定位数据，进而对其进行分析和解读，并在此基础上有效运用，从而实现超越数据自身诠释数据的意义。在大数据时代，学习者数据素养的提升与其学习力的提升具有高度的相关性，而学习力又是影响学习者学习方式变革的重要因素之一。由此，学习者数据素养的提升对其学习方式的变革有间接的意义。然而有数据显示，高达近80%的学习者其数据素养现状堪忧。若想改变这种现状，应从以下两个方面入手：

首先，开设数据素养教育相关课程，明确素养的重要性。只有先向学习者普及数据素养的含义，并告知其重要性，学习者才会引起重视，在学习过程中才能有意识地去提升相关能力，不至于出现被动盲目地利用数据或者在学习过程中出现目标不明确的现象。具体可采取以下方法：第一，在制订教学目标时，

要以数据素养的内容为导向,结合学习者的专业设置和实际情况。这样,课程才不会流于形式,学习者也能够真正学有所用,加深对信息素养的理解。第二,在教授此类课程的过程中,教师可以有目的地针对学生的弱项进行训练。例如,对数据定位能力较弱的学习者,教师可以考虑反复给其不同的学习材料加以引导;也可以安排适当的自主课堂,让学习者发现自身收集、分析或应用数据方面的不足,进而想办法改善并将经验与学伴分享;又可以规定相类似的主题,让学习者通过查找相关资料进行汇报展示,并给予点评,让学习者意识到自身的不足与优势。第三,在课程结课时,教师可以通过让学习者自己总结该课程思维导图并展示的形式,完成对学习成果的评价。总之,开设课程并不是为了"知识和认识符号的堆砌",让学习者形成数据聚焦意识、培养数据应用能力才是最终的关键所在。

其次,开展丰富多彩的创新性实践活动,培养数据能力。课外活动作为教育教学的一大补充形式,其地位是无法撼动的。随着"双创"之风席卷各大高等院校,学校在通过常规的课程对学习者进行教育的同时,也逐渐开始鼓励学习者参与各种创新性活动,并以此提升学习者的综合实践能力。创新性活动一般是学习者自己组建团队,围绕某个固定主题,在教师的帮助下,通过收集、分析和处理数据进而解决相关问题,最终内化知识、完成体系建构的过程。所以,在这个过程中,学习者能够通过相互帮助锻炼自身收集、整理与运用数据的能力。与此同时,教师无论是在硬件设施、专业问题或是数据处理上,都可以在一定程度上给学习者提供专业性的建议。概括而言,创新性实践活动也是学习者提升数据素养的一种方式。

(二)创设绿色数据环境

当前,大数据发展方兴未艾,而发展中的事物,往往包含着更加明显的矛盾对立面。所以,大数据环境在给学习者带来诸多便利的同时,也呈现出欺骗、隐患和不规范等特征,导致各类数据危险事件频发,一定程度上对大学生学习方式的变革产生极为不利的影响,因此,绿色的数据环境亟待被创设。所谓绿色数据环境,主要是指信息安全、健康与规范三位一体的数据环境。绿色代表可持续发展,象征着创新与人文价值。在数据环境被污染的当下,我们可以从以下几个方面创设绿色数据环境:

第一，设立专门的数据管理机构，严格数据准入标准。根据全球最大的管理咨询和信息技术跨国公司"埃森哲"公布的数据，直至2017年，美国新增数据管理职位的数量占全世界44%。在世界上影响较大的几个国家中，除了中国，美国、英国、巴西、新加坡等国家的数据管理日趋成熟。

第二，发挥舆论宣传作用，增强数据安全意识。以往各大媒体报道的涉及学生隐私安全的事件，一般都是在校大学生因为被电话、网络诈骗等危及自身安全等方面的报道。对于这样的消息，媒体更倾向于将大众的关注焦点聚集到当事人身上，于是人们习惯了将该类事件当作茶余饭后的谈资，最常见的做法就是当类似事情尘埃落定之后给予同情或是批评。事实上，这并不应该成为报道的中心。作为舆论媒体，应该利用其巨大的影响力和正能量来影响受众。也就是说，媒体真正需要做的工作应是联系一些数据专业人员，分析报道案件背后的原因，或是报道一些因有自身安全意识而避免此类事件发生的故事，给广大学生传播正能量，让大学生一方面知晓数据安全存在着隐患，另一方面了解该如何应对。可以利用校园广播、微信、微博等影响力较大的平台，加大数据安全宣传力度。因为此类平台的受众大多是大学生群体，与电视媒体相比，其在大学生中的影响力更大。

（三）培养教师的数据思维

高校教师是教育教学中的重要执行者之一，其地位无法被取代。然而，从目前的情况来看，高校教师并不能完全适应大数据给教育教学带来的诸多变化，教师的数据思维亟待培养。所谓数据思维，其实质是一种意识，具有敏锐性、前瞻性、多样性和个性化等特点。由于思维方式对行为能产生直接影响，所以教师只有养成数据思维，才能更好地适应大数据时代下的教育教学，从而促进大学生学习方式的变革。

第一，职业培训是教师数据思维形成的基础。无论是对新教师的职前培训，还是对老教师的在职培训，其目的都是让教师能对数据产生敏锐感从而最终为学习者提供个性化学习服务。研究人员通过追踪发现，根据学生的学习需求修改教学设计进行个性化的教学比传统的教学方式效果更好。到目前为止，我国在对教师的职业培训中鲜有数据运用等相关内容。因此，迫切需要从大数据的视角培养教师对于数据的理解。随着大数据的不断发展，在未来，数据定会成为学习者学习密不可分的工具，作为协助学习者学习的教师，更应该加强对数据的理解与运用。所以，在教师的职业培训中融入数据思维相关的培训，并以实践的方式向教师展示大数据技术，能给教师提供针对性的示范，促进教师数据思维的进一步发展。

第二，基于数据的教学竞赛是教师数据思维训练的重点。教师数据思维的形成，绝不只是教师的个人问题，而是代表着教师所处的整个教育系统的更新。举办基于数据的教学竞赛，能调动高校、教师专业发展相关组织以及优秀教师等多方资源，合力训练教师的数据思维。具体做法如下：首先，可以通过获奖教师的经验传授，让参赛者知晓如何运用数据有效地改进教学。其次，参赛者通过自身对大数据的理解设计出初步的教学规划，进而学校配合其在教师中组织讨论与修改。最后，用模拟课堂的形式进行实体训练。这样，不仅教师个人的努力得到印证，学校和相关教育管理部门也得以融入，致力于共同形成基于大数据的教育生态系统。据报道，在经历国际学生评估项目（PISA）测试之后，上海已经率先开展诸如此类的教学竞赛，并且收效甚好。在未来，教师不仅要学会互联网技术（IT），更要学会信息与通信技术（ICT），用数据思维助力未来教育的整体转型，引导大学生学习方式的变革。

（四）加快建构智慧校园

学校作为教育的专门场所，其诞生更是标志着教育制度化的形成，因此，建构智慧校园已成为大数据时代下教育改革的重要组成部分之一。微观校园环境对学习者的学习具有无可替代的直接影响，而智慧校园建设的核心意义就在于促进学习者学习方式的变革。所谓智慧校园，是指通过物联网大数据技术的全面环境感知，为学习者提供个性化技术支持服务和无缝网络通信，促进学习者有效学习的开放教育环境和舒适生活环境的校园。

总之，智慧校园的主要特征就是"以生为本，融合共创"。根据调查所得数据以及大学生所提相关问题，可以考虑采取以下措施：

首先，创建并增加智慧教室的数量。智慧教室作为智慧校园建设的缩影，一直以来都是大数据时代下学校教学进程中的重要环节。为了让学习者能有效利用大数据带来的便利，教师在授课时就必须有所涉及，而这些都需要外部物理环境的技术支撑。第一，学校可以先通过大数据、云计算等技术收集学生对授课教室的环境需求，如光照、室温、座位等。第二，将这些数据存入云端，通过大数据的进一步分析得出学生在教室上课的时长、活动设置等。第三，通过中央自主调控模式，对收集到的数据进行匹配，从而实现"教室多用"的目的。如此一来，授课教师只需按照事先设定好的程序进行操控，教室的环境就会根据授课需要以及学生的需求进行改变。当然，每间智慧教室一定要具有自动录制教学视频的功能，以方便教师或学生在期末进行回看复习。

其次，加大对校园网的覆盖和稳定投入。校园网络是创建智慧校园的有力工具之一。以往都是通过数据服务商来管理校园网络及其相关数据，学校自身对其的掌控力度较弱，所以导致数据泄露或是网络不稳定状况频发。有鉴于此，学校可以考虑成立专门的网络管理中心，并聘请相关专业人员在校园网的防火墙内部建立属于学校内部的数据管理系统。如此双层防护，在有力保障校园网稳定性的同时，也有利于校园网信号的增强。关于校园网的覆盖面积问题，目前一些高校已经开始引入联通、移动和电信三大传统网络运营商，将其与校园网络相结合，形成四位一体的网络覆盖，较好地解决了校园网辐射面积不足的问题。

最后，优化图书馆、自习室等数字化学习空间。在调查中，不少学生反映学校的数字化学习空间较为缺乏。特别是随着复习考试周的到来，图书馆与自习室人满为患，许多同学想学习都没有地方。空间的缺乏，打乱了他们的学习计划，有一部分学生直接放弃，还有一部分学生无奈之下选择了效率低下的寝室进行复习，于是"三天打鱼两天晒网"成为他们的常态。在这样的情况下，学校应该着力提升图书馆与自习室等学习空间的软硬件设施，为学生提供更多的学习空间，并营造良好的学习氛围。一方面，图书馆、自习室等学习空间可以先通过签到系统收集学生的学习时间安排，充分利用学习空间增设座位，并在复习高峰期间设置座位预约服务。同时，对学习资源及空间利用率较低的学生进行智能预警，通过设置权限对其进行惩罚。对于在寝室学习的大学生，学校可以通过大数据监测其学习行为，并设置相关提醒服务，让自制力不强的学生体会到监督的紧迫感，在一定程度上提高学习效率。另一方面，为增加学习空间，学校可以考虑开设 24 小时学习室，同样采取线上预约座位的办法，并对信用记录不良的学生实行惩罚，还可以利用大数据检测室温或声音分贝等，按照实际需求进行自动调节。

第二节　大数据时代管理模式变革

一、大数据对我国高校教育管理带来的影响

（一）大数据对我国高校教育管理带来的积极影响

大数据为高校数据采集、治理模式、教育教学、资源调控、考核评估、智慧科研及智慧管理等方面带来革命性的力量。

1. 数据采集：关注过程、关注微观

局限于技术、人力和物力，传统高校数据采集主要以管理类、结构化和结果性的数据为重点，关注教育整体发展情况，这种反馈机制在一定程度上对高校教育决策、规章制度的制定起到了积极的作用。但是，对于学生、教师、科研的实时掌握还远远不够，对于不好的结果也不能提前预测和预防，大多是事后补救，从而使高校教育管理处于被动局面。随着大数据技术强力渗透到各行各业，高校教育数据的采集面临着新的变革。互联网、物联网和大数据技术支撑下的高校智慧校园，不仅在采集数据的数量上超过传统高校，而且在数据的质量及数据的价值方面都具有传统高校数据所不可比拟的优势。高校教育管理大数据具有非结构化、动态化、过程化及微观化的特点，处理程序更加复杂、深入和多元化。学生的学、教师的教，一切活动都有据可查。数据流源源不断，在数据分析师的大脑中加工，产生源源不断的智慧流，从而促进高校教育管理更加科学化、人性化。然而，由于高校教育管理对象及活动的复杂性，加上缺乏商业领域标准化业务流程，从而导致高校教育管理大数据的采集活动呈现复杂性的特点。在高校教育管理大数据的分析中，要特别强调因果关系，虽然国际大数据专家舍恩伯格认为更应重视相关关系，但是教育是以培养人为根本目标，它不同于商业数据无须追根溯源，教育大数据不仅要"知其然"，更要知

其"所以然"。通过技术分析和处理，挖掘高校教育管理大数据所体现的规律及揭示问题背后的根本原因，最终寻找破解之道和应对良策，从而更好地提升高校教与学的活动效果。

2. 治理模式：民主治理、集思广益

大数据时代，高校决策模式、治理模式都将面临转型。传统高校治理属于"精英治理"，受限于校园信息化程度和智能化程度，学校各项事业发展方案、措施、策略等不能广泛传达至师生，民主意识较强的管理者顶多召开一个小范围的研讨会，或者以开会的形式传达，而这种正式会议过于严肃和拘谨，缺乏自由、轻松的氛围，不利于异质声音的表达，也就意味着不能将群众的真正声音传递到决策者耳中。而在以互联网、物联网、云计算、大数据及移动终端为技术支撑的智慧校园中，可以实现高校由"管理"向"治理"的转变，更好地实现治理的民主化、科学化。高校管理者与师生不受时空限制的互动交流，至少有四点优势：一是收集有利于学校发展、各项业务完善的群众智慧；二是传达学校发展战略、思路，形成上下合力；三是拉近干群距离，将各种矛盾化解在萌芽状态；四是决策处处留痕，实现阳光政务，防止权力"任性"，促进决策的规范化、科学化。

3. 教学模式：及时反馈、因材施教

利用大数据技术开展翻转课堂教学改革或在线教育是当前高校教育管理变革的重要内容。高校学生数量庞大，是运用信息技术的主要群体，也是高校教育管理大数据的重要生产者和使用者。可以根据学习平台上不同学生对各个知识点的不同用时、不同反应，来确定要重点强调的知识和决定不同的讲述方式。大数据教学有两大优势：一是私人定制，二是大规模个性定制。私人定制即借助适应性学习软件，通过相关算法分析个人需求，为每一名学生创建"个人播放列表"，且这种学习的内容是动态的。通过大数据分析，对提高学生个体学业成绩需要实施的行为做出预测，决定如何选择教材、采取什么样的教学风格和反馈机制等。大规模个性定制指根据学生差异对大规模学生进行分组，通过相同测验，有更多相似性的学生会被分在一组，相同组别的学生也会使用相同的教材。大规模个性定制教育的成本并不比批量教育成本高出许多。在线教育的浪潮是继印刷术发明之后，教育领域面临的最大变革。人类教育由古代学徒制到近现代的学校教育，再到在线教育，是教育形式的螺旋上升，既解决了教育产品量的问题，又很好地解决了教育产品质的问题。大数据的教育潜力很大，运用前景广阔。以行为评价和学习诱导为特点的在线教育平台，仅是其影响高校教育的"冰山一角"。

4.考核评估：动态评估、全面多维

大数据促进高校教育管理评估从注重经验向注重数据转变，从注重模糊宏观向注重精准微观转变，从注重结果向注重过程转变。高校教学活动是大数据评估最常用的领域，从广义上理解，高校大数据应是人类学、社会学、社会关系学背景下的大数据。高校内部大数据系统一定要与外部社会大数据系统建立起融合关系或者链接关系，这样才可能从知识、情感、能力、道德等角度全方位、多维度地了解学生，制订人性化发展方案，有效避免以学习为中心，而更好地实现以素质为中心的教育宗旨，才能更好地培养符合社会需求的高水平专门人才。首先，高校利用大数据技术，对人才培养、产业发展及社会信息等数据的采集要提前布局，要有连续的数据对其支撑，每个地区的生源情况、就业情况，要有长期连续的动态数据，才能从中预测经济发展、社会人才需求、高等教育未来发展趋势等，及时调整学校发展战略，促进人才培养模式改革。其次，大数据技术可以实现考核评估的革命性改变，高校教育管理者利用回归分析、关联规则挖掘等方法帮助教师对学生学习状况、思想状况、社交状况等进行全方位的掌握，关注学生成长的过程，实现评价的全方位和立体化，从而优化教育管理策略，提高教育管理效果。哈佛大学2011年研发的学习分析系统，是一种基于云计算的学习分析系统，包括数据采集、数据存储、数据分析和数据呈现几个模块，能将学生进行学习的相关数据分析后可视化，并实时呈现到教师的设备屏幕上，便于教师对课堂教学的及时调控。最后，利用大数据技术可以建立起教师科研、教学的预警机制，对于教学质量监控、科研趋势等设置报警区域，达到设定的阈值时系统会自动报警，提醒管理人员重点关注一些教师。基于大数据技术，创新高校教育教学评估体系，使之更加多元化、智能化、个性化，实现由传统基于分数的评价向基于大数据的评价转变，由传统的结果评价向过程评价转变。

5. 资源调控：优化组合、注重效能

推进高校资源大数据平台建设，有利于对有限的教育教学、实验室、寝室等资源进行重组、分配和优化，从而使教育资源具有新的结构，产生新的功能，提高资源效能。在实践中，有很多高校投入巨资建设的实验室利用率并不高，而有的实验室却人满为患，学生急于寻找实验室限于信息缺乏或者人为设置的障碍而无法获得资源。与此情况相似的是，教室、图书馆的阅览室也存在这样的"两极"现象，有的空荡无人，有的却排队占位甚至产生矛盾争执。高校资源大数据平台可以很好地解决这个问题。首先，大数据中心的建设要从理念上打破所有教育教学、实验图书等硬件资源的固定归属，从学校整体层面进行调控。其次，依托物联网、通信、信息、控制、大数据、云计算技术对资源、能源进行科学调配和利用，从而实现管理的"模糊化"向"清晰化"、经验化向科学化转变。最后，通过大数据平台实现学生对学习、生活资源的方便、快捷获取。我国诸多高校在教育教学资源管理智慧化方面已做出有益的探索，如浙江大学通过大数据中心建设，形成全校数据资产，并为教务、物资设备、学工、科技等部门提供数据服务；同济大学利用先进的节能监管平台，对数个分散校区的资源、能源实行远程、实时、科学监测，为节约型校园建设提供了基础保障；常熟理工学院2013年启动数据中心虚拟化项目，按照"服务准、系统稳、资源省"的目标，引入"戴尔综合化虚拟系统解决方案"，实现了数据高安全性和高可用性，实现了按需分配、动态分配系统资源的虚拟化应用，实现了数据资源的跨校区容灾备份，保证应用系统24小时不中断。通过建设资产信息管理与决策支持平台，一方面让使用者和管理者都能及时掌握资产信息的情况，从而改变管理者被动、业务部门信息不对称、沟通交流不足的局面，提高管理效率；另一方面，也为学校、二级学院及部门进行成本核算或招投标决策提供参考。

6. 智慧学工：柔性管理、注重权变

大数据促进智慧学生工作，是大势所趋。第一，高等教育转型和高等教育大众化发展，对高校学生工作管理人员提出更多的挑战。高等教育大众化的结果使高校学生规模逐年增加，专职学生管理人员的增比远远不及学生规模的增比，学生工作的繁杂性和艰巨性大大增加。第二，在信息技术浪潮的冲击下，学生工作管理者的传统话语权正在被削弱，唯有顺应时代潮流，利用信息技术、大数据技术等优势，增强话语优势和管理服务效果。第三，高校转型发展对学生工作提出了更高的要求，高校教育管理目前正面临着"由粗放管理向精细管理"的转变，传统高校学生管理存在刚性有余、柔性不足的缺点，现代教育管理的发展趋势是进行柔性管理。柔性管理要求以生为本，关注激发学生发展的内在驱动力、动力持久性和管理权变性。在小数据年代，高校欲实现柔性管理显得心有余而力不足，不能随时随地掌握学生的学习、科研、生活、社交等信息，且往往历经千辛万苦得到的数据，最后因失去时效而显得没有意义。建立学生工作综合信息管理和决策平台，能够及时、全面获取学生工作大数据，能够快速发现问题，及时调整策略，主动实施有效措施，从而使工作更有弹性、彰显柔性。利用大数据技术，可多维度、全方位地分析学生的学业情况，动态评估学生消费，预测学生毕业去向，引导个性化、针对性就业。上海交通大学不仅建立了数据中心，且在"数据开放"的道路上迈出一大步，2015年开放了机载娱乐系统（IFE）网络、一卡通、气象三个数据集，2016年开放的数据集得到诸多应用，还催生了许多学生创业团队。上海海洋大学利用大数据技术，使新生教育服分工作精细化，新生可以提前上易班申请绿色通道、选购生活用品及提前申请勤工助学岗位等活动。上海海事大学实施易班优秀社团的评选办法，让易班成为全校社团的"大本营"，实现了现代信息技术与高校优质教育资源的深度融合、社会主义核心价值观与大学生刚需实践的深度融合，从而增强了思政工作的有效性和创新性。

7. 智慧科研：博采众长、继承超越

高校科研大数据系统包括科研文献库和科研综合信息管理与决策平台两个部分。

首先，科研文献库大数据是高校科研的重要参考资源。科学的发展离不开交流和讨论，因为科学中存在错误和局限。科研文献库的建立是高校科研人员文献研究的基础，有利于高校教师对已有科研成果的继承和超越，更加体现了"现代科研成果是站在巨人肩上的结果"。一般而言，高校科研文献库越丰富，对科学研究的影响越显著。高校科研文献库的建设形式有两种：购买文献资源和自建文献资源。购买资源包括科研数据库里中从知网、万方、维普、超星、读秀等处购买的论文、著作、文集等资源；自建资源包括高校特色数据库，如中国水利工程数据库、大学名师库、测绘文摘数据库、校本硕博论文库、专题数据库、特色数据库等。这些资源对于学校师生的研究和提升具有重要的借鉴和启发作用。

其次，大数据使高校科研活动具有智慧性。高校教师可利用智慧检索软件，对文献信息资源进行学科分析与科研选题，或者跟踪科研进展与定制个性化服务，从而提高研究效率。

再次，大数据可以提高科研效益。通过大数据技术使高校科研从传统的寻找因果关系转向寻找相关关系，从而减少研究资源的浪费，节约研究的时间，提高研究的效率和成果的可靠性。科学研究就是寻找大自然物理现象原因的工作，大数据技术使之更容易、更接近规律，且节约成本，包括经济成本、人力成本和时间成本。高校是科研的重要阵地，高校的科学研究也需要借助大数据技术进行数据驱动的决策。

最后，科研管理综合信息与决策平台有利于提高科研管理的科学性和效率性。利用内部、外部信息，进行科研数据的分析，可以消除或减少重复立项、经费安排不合理、项目负责人不胜任等问题，从而促进公平竞争与科研资源的优化配置，提高科研资源使用效益。建立科研大数据平台，包括从外部主管部门科研系统中获得的科研项目的数量、类别与要求，从内部科研数据库中得到的人员、设备、经费、研究经历与研究条件等信息，从万维网（Web）上获得的论文和专利的数量与质量等信息，从项目成果报表上得到的成果转让和奖励等信息。通过建立科研管理综合信息与决策平台，将各类信息进行整合，对研究课题的科学性、创新性和外部文献库进行综合分析，对申请者所涉及的各项因素综合分析，将不合理的因素排列在立项之前，最终为科研项目评估专家提供决策支持。

（二）大数据对我国高校教育管理带来的消极影响

大数据在给高校教育管理带来机遇的同时，也带来了消极影响和挑战。

1. 隐私与自由平衡问题

隐私与自由的平衡问题似乎是一个悖论。隐私意味着不能绝对自由，自由意味着要牺牲一定程度的封闭和隐私，如何保持二者之间必要的张力，是一个考验高校管理者智慧的难题。正确解决隐私与自由平衡的问题，也是我国高校不可回避的挑战。

2. 数据新权问题

大数据可以通过概率预测优化学习内容、学习时间和学习方式，预测大学生职业生涯。但是，按照大数据预测进行的教育分组、教育定制真正符合人才发展规律、符合公平公正原则吗？按照大数据预测的未来职业、专业兴趣，真正符合学生的现实需求，满足人的挑战自我、超越自我的精神追求吗？教育的根本宗旨是因材施教、因人而异，大数据背后探索的规律，看似是"规律"，其实并不是"规律工在教育中有很多现象大数据无法预测，如人类的智慧、独创性、创造力造就的理念等。全面教育数据带来的重大威胁，并不是信息发布不当，而是束缚我们的过去，否定我们的进步、成长和改变的能力。放弃数据的收集和使用，将阻碍大数据对教育带来的诸多益处；而陷入数据崇拜，又将受制于数据，失去自由。我们需要在对优化学习的渴望和对过去决定未来的拒绝之间做出微妙的权衡，虽然"凡是过去，皆为序曲"，但不要让过去完全决定我们的未来，我们仍应满怀热情地迎接下一个日出。在这个对新生技术畏惧、疑虑的时代，数据将越来越难收集，甚至最糟糕的可能是被收集者还会因怕"数据欺凌"而采取"玩弄数据系统"的"自我保护"，这样建立在不真实数据基础上的决策将会更可怕。

3. 数据垃圾处理问题

大数据不全是"金矿"，也有数据垃圾，人类必须具有解决大数据垃圾问题的力量，否则将产生严重的后果。大数据时代，巨大的信息和碎片化的数据充斥着整个网络世界。随着智慧校园、泛在学习的推进，高校教育大数据将成指数倍激增，这将会给高校的机房和数据中心带来数据存储及数据处理上的负担和压力。如果以垃圾数据为基础建立决策，就可能会使垃圾数据像病毒一样传播，最终使工作蒙受损失。因此，垃圾数据一旦产生，就需要我们在数据处理的过程当中，对垃圾数据进行过滤和清洗，并且自动决定这些数据的去留。目前，对于高校数据垃圾的处理技术、处理原则、处理经费、数据人才等方面都存在问题，特别是在大数据的价值挖掘没有充分利用的情况下，对于垃圾处理的支出显然大于得到，数据"金矿"至少目前并没有体现，反而呈现"得不偿失"的倒挂局面。当然，尽管对高校教育管理大数据垃圾进行过滤和清洗的任务艰巨，但是不能因噎废食，而放弃对数据中心的建设和利用。

4. 数据标准问题

大数据的价值在于数据的共享，标准化是各类相对独立的、分散无序的数据资源通过融合、重组及聚合等方式形成一个较大的、有序的、可读的与高效的整体，使人们可以快速使用，这需要建立完善的数据标准体系。数据标准化是数据整合、共享、挖掘的前提和基础，是数据金矿实现的必要条件，而数据标准是数据标准化的依据和标尺。目前，国内外大数据标准化工作尚处于起步阶段，还未形成一套公认的、完整的大数据标准体系，绝大多数的大数据标准化工作尚处于标准的需求分析和研究探讨阶段。2014年12月，全国信息技术标准化技术委员会大数据标准工作组正式成立，工作组包括北京大学、阿里、华为、京东、国家信息中心等150家申请单位。2015年年底，已完成草案的有《信息技术大数据术语》《信息技术大数据技术参考模型》等8个国家标准，正在研制的有《信息技术数据质量评价指标》《信息技术通用数据导入接口规范》两项国家标准。高校大数据同样需要标准化处理，尽量减少混乱无序的数据、信息、资源，这样才可消除"信息孤岛"现象，增强教育数据的可用性、通用性和互操作性，从而促进数据整体价值的提升。武汉大学、复旦大学等高校在数据标准化方面进行了初步尝试，并取得了定成绩。但是，我国高校整体并没有形成一套完善的、可通用的数据标准体系。

5. 数据质量问题

"数据质量"主要指数据资源满足用户具体应用的程度。数据质量主要从完整性规范性、一致性、准确性、唯一性、关联性几个角度综合评估，度量哪些数据丢失了或者不可用、哪些数据未按统一格式存储、哪些数据的值在信息含义上是冲突的、哪些数据是不正确的或超期的、哪些数据是重复的、哪些关联的数据缺失或未建立索引。数据质量是依据数据科学决策的保障，质量化下的数据决策比没有数据的"拍脑袋"决策更可怕。高校在进行大数据收集的过程中，必须要有详细的计划和科学的数据标准化方案，不能一网打尽、良莠不分。

美国政府2015年任命的首席数据科学家帕蒂尔曾一针见血地点出数据问题的症结,"在开始之前必须懂得一个非常基础的概念:数据是混乱不堪的,而且数据清理工作总会占据80%的时间。换句话说,数据本身就是问题的所在"。也就是大部分"大数据"并没有价值,近90%都是垃圾数据。高校数据存在着多源头、不一致、异构、缺失、不准确、重复等问题,其中,未制定统一数据标准,数据中如建设缺乏全校范围的宏观整体规划,国内教育行业软件成熟度不高,系统技术架构不一致,业务人员对数据质量重视不够,数据维护不及时、不准确及不完整等是影响数据质量的重要因素。

6. 数据安全问题

单独的数据似乎看不出什么价值,但是数据一旦发生关联,便会产生"1+1＞2"的效果。大数据背后的秘密一旦被泄露,将会对高校信息安全、学生隐私安全产生巨大的威胁。特别是很多师生学习、生活及工作数据也在网上,互联网和云服务能够实现对人从摇篮到坟墓的全部跟踪记录,这些在网上的教育行为记录一旦被整合,就会对个人隐私造成极大的侵害。各级政府、教育主管部门及高校都必须高度重视数据安全问题,有关高校教育管理数据安全法律法规的制定也显得非常必要且紧迫。

7. 数据存储期限问题

高校教育数据存储从技术上来讲可以无限期,但是从伦理道德的角度和管理成本的角度来讲,应有一个期限。设立一个期限,可以克服无法遗忘的过去对学生一生学习、工作和生活的阴影笼罩,还可以促进相关数据专家在有限的时间内进行数据的挖掘和分析利用。但是数据存储期限的设定受多种因素影响,一是对数据价值大小的界定,二是对于数据分析难易度的限制。首先,有关高校教育管理大数据价值大小认定的问题。价值是客体的某种属性相对于主体需要的满足程度,主体对客体属性的需要越强烈,客体的价值越大,因此,价值是一个主观概念,具有相对性和可变性。高校教育管理大数据的价值认定究竟应以学校还是以学生为基点?究竟是以现在还是以未来为视角?这些问题都没有确定的、权威的答案。数据价值如何界定,这是一个难题。其次,数据分析难易度也是变化的。究竟高校教育管理大数据要存储多久更合理呢?目前,我国教育部教育综合信息平台上的学生和教师的基本数据是终身的，因其收集的是基本信息，"数据终身携带制"也是无可厚非的。但是，对高校而言，除了学生基本信息之外的特殊数据、临时数据等明显不具有终身制的必要性和合情性。

8. 数据人才缺乏问题

高校教育管理数据人才将成为连接大数据与教育应用的桥梁，他们要解决的是如何实现教育管理大数据的价值问题。高校教育管理数据人才是一个跨学科的数据人才团队，由多种角色人员组成，包括数据科学家、程序员、统计人员、业务人员等。虽然市场对高校教育管理数据人才的需求日益增多，但是目前的人才培养体制机制尚不健全，能够提供的人才数量远不能满足现实需求。根据麦肯锡公司的研究预测，到2019年全球数据科学家短缺将达到近200万。高校教育管理方面的数据人才更是严重缺乏，对使用大数据的高校教师、研究者和管理者来说，他们驾驭数据的资质和能力则是不容乐观的。对高校教师和管理者来讲，首先自己应成为"数据脱盲者"，会使用大数据技术，会读懂大数据语言，才能利用大数据技术改进教育管理。同时，学校也需要大量懂得如何在建立数据系统以分享数据的同时又能保护隐私的数据技术人才。

9. 制度与组织空白问题

大数据技术对我国高校教学的影响尤著，慕课是大数据时代传统教学面临的最大机遇和挑战，因此慕课组织制度的建立是高校工作中的重中之重。慕课曾一度被誉为继火的发明之后最重要的创新，却因"实现世界和平"的速度不够快而备受诟病。其作为一种新型教学模式，是对传统实体大学的有益补充，也是对视频公开课缺乏互动的弥补，对于促进教育公平、促进教育质量有着重要的意义。其具有诸多优势：一是开放性。慕课平台基于互联网、面向全体社会成员开放。二是平等性。课程资源及组织方面，人人都平等地享有参与权。三是规模性。网络课程学习者不同于传统学校，一般都是成千上万。四是灵活性。慕课的内容更贴近学习者的生活和需求，更注重综合性、普适性、生成性，更注重互动，其视频精美、短小精悍，向微课靠拢，评价方式多元，引入同伴互评。网络教育和网络学习是大势所趋，但是却存在种种缺陷与不足：一是慕课制作成本高。缺少成熟的盈利模式，或者说在成长初期缺乏盈利的保障。开放性是其大规模的保障，但是开放性却是其无法盈利的首要因素，开放性和盈利性是一对悖论。2013年至今，我国许多省市和高校通过成立联盟、签订合作协议等方式，建立了慕课平台，目前这些平台基本都处于非盈利状态，更多的是靠学校财政或地方政府财政补贴。二是内容更新快等诸多矛盾。预订的课程内容与网络时代知识更新快之间存在矛盾，结构化的课程体系与网络时代知识碎片化、学习碎片化、时间碎片化之间存在矛盾，慕课前期高标准高投入制作模式，显然令后续的修改与完善不太方便，从而使内容过几年便陈旧，不再适合继续开课。三是学习证书的效力问题。网上平台颁发的学习证书与实体学校颁发的证书效力具有差异性，是当前制约慕课发展的重要因素。学生人数多，使得师生互动交流变得困难，学习过程的监管与考试监管难以真正落实。受经费所限，指导慕课学习者的助教数量也很有限，只能靠学习者互评，而这种良莠不齐的互评也很难作为正式认证的基础，虽然国外也在尝试通过打字习惯和视频来判断是否代考，但技术都不成熟，社会信誉不高，学习成绩与证书的社会认可度不高。

二、高校大数据教育管理发展存在的问题

目前，我国高校教育管理正处于从信息化向智慧化演进的过程中，虽然我国高校教育管理大数据平台建设取得了一定的成效，但也存在一些问题，必须予以高度重视，如高校的信息化建设参差不齐，高校管理层对大数据、云计算技术认识不足、重视不够等问题。在数据化浪潮中，谁能及时把握先机，谁便能占领竞争高地。我国各高校要在顶层设计、体制机制、技术研发和推广探索等方面进一步加大力度，要坚持"以人为本"的理念和"绿色科技"的原则，推进数据资源的共建、共享和共用，从而使大数据技术真正成为促进学生全面发展、教育管理智慧化和学校内涵建设的利器。目前，高校大数据教育管理发展存在以下问题：

（一）缺乏系统规划

我国数据中心重复建设现象严重，包括高校数据中心在内，是普遍存在的

问题。在 65 个超大型、大型数据中心中，一半以上位于或靠近能源充足、气候严寒的地区，有 12 个是以灾备为主要应用。我国各类数据中心的总量为 43 万个，可容纳服务器约 500 万台，整体容量是日本的 1/2、美国的 1/10，有很大扩容空间。但是，资源重复建设现象严重。与此同时，我国数据中心一年的耗电量却是惊人的，堪比三峡水电站的年发电量。这些问题在高校中同样存在。目前，高校每个部门、单位、院系都是一个"独立系统"，各家都根据各自需求建设，没有统一的系统，且存在成本、性能、安全及能源管理等各种问题，这给高校教育管理带来极大挑战和不便。每个学校都有门户网站及职能部门、二级学院网站等几十个甚至上百个，一般这些网站对服务器并没有很高的要求，但是都建立了自己独立的物理服务器，付出了昂贵的成本，导致资源的严重浪费。虽然高校也建立了即办公自动化（OA）系统、一卡通、教务管理系统、学生管理系统等，但各个系统互不兼容，信息之门闭塞。随着高校办学规模扩大、业务部门增多，学生往往要登录多个管理系统才能完成业务的审批。另外，各系统的不同步，对各种数据的精确统计会造成很大麻烦，教务系统有一个学生人数，就业部门也有一个学生人数，奖学金评定部门还有一个学生人数，各种数据之间形不成关联和同步更新。最后，各部门、各单位、各院系建设的后台数据库，一旦发生数据变化，就可能造成旧数据的缺失。而在线开放课程建设方面，一些高校还在观望或消极等待，有的什么都想搞、什么都想抓，优势特色不明显，成果成效不突出。这一切问题的出现，究其根本都是因为顶层设计不足。建立一个流程化、可管理、可伸缩、高可靠、安全性、低成本、绿色节能的云化数据中心势在必行。大数据时代，高校管理者也需要加强数据素养和数据能力，这样才能对全校信息化建设统一论证及科学规划。因此，高校要加强大数据教育管理发展的统一规划，在高校教育管理系统建设中，引入数据流和业务流（工作流）理念，构建基于数据流的工作流信息系统开发模式，使数据在各个管理部门之间畅通流转。

（二）缺乏资金保障

教育部科技发展中心 2015 年发布的调查结果显示，对 2012 至 2013 年数据平台（信息中心）建设经费投入情况，绝大多数学校认为还比较高，认为信息化投入很少的仅占 4% 左右。尽管如此，还是有 66% 左右的普通全日制高校和63%左右的高职高专院校认为,制约信息化发展的主要问题是资金投入不足。相比较而言,"211"院校的信息化程度投入很高。由于运行与维护成本高,资金已经成为我国高校大数据教育管理发展的重要制约因素。学校受经费限制,基本采取自维护的方式,这既解决了部分资金不足问题,又培养了信息化人才。通过以网养网,保障运行经费,业已达成共识,但也带来了一些负面影响。有些高校已经尝试流量区分,对正常的教学科研活动实施免费,以消除负面作用。这种积极尝试,是一个良好的开端。当然,开放办学,大规模优质有偿慕课应该也是高校增收的另一途径,这一切要求高校必须要有长远的眼光和战略的思维。当前,在我国高校大数据教育管理发展初期,有效的融资机制尚未形成之际,政府应担当起重要职能,加强对教育发展的宏观调控,加大对高校大数据教育管理建设的资金投入。高校也可探索社会经济(BOT)融资模式、公共私营合作制(PPP)融资模式,将大数据教育管理中某些建设的资金和经营压力与社会力量分担,诸如网络、服务器、云平台及智慧宿舍等一些硬件建设项目,吸引社会企业、非营利机构或营利机构进入共建,到项目特许期或专营期满后,所有权和经营权转移给高校。

(三)缺乏专业支撑

市场巨大、人才缺乏分别是我国大数据发展面临的最大优势和最大劣势。目前大数据产业炙手可热,无论是国内还是国外,学术界与企业界之间的人才竞争都非常激烈。并且,我国目前还没有建立有利于大数据人才脱颖而出的培养机制。"本来我国教育界、科技界的人才就缺乏,而在大数据领域,统计、机械学习等相比而言更弱,所以这个问题需要引起重视。"中科院院士鄂维南说。我国在校用户和技术支撑人员比例较低,接近80%的"211"高校在主管全校信息化建设和规划工作的部门中都拥有16人以上的专业技术人员,有超过50%的普通高校的专业技术人员在16人以上,而70%的高职高专院校专业技术人员数员不足16人。真正懂技术的专业人才缺乏,而管理人员过多,使得各高校信息化建设人才队伍结构不够合理。高校信息技术人员中,以拥有本科和硕士学位的人员较多,中级职称较多,但拥有博士学位比例呈下降趋势。高校数据中心建设需要一支技术过硬、分工明确、精干高效,且能够处理应急事件的复合应用型人才队伍,这关乎数据中心建设能否顺利开展。目前,全国有近百所高校设有信息安全本科专业，信息技术人才培养走上专业化道路。但是信息技术、信息安全及大数据应用方面的人才仍然供不应求。

（四）缺乏共享机制

高校大数据发展分为三个阶段：管理为主利用为辅，管理与利用并重，管理为辅利用为主，现在仍处于第一阶段，普遍存在"重建设轻利用"的问题。从高校教育管理现状看，现有业务应用系统大多独立存在，系统间难以实现数据共享与交换，海量数据得不到科学管理和有效整合。原因是高校缺少统筹谋划，各教育管理部门在建设自己的信息管理系统时各自为政，使用的软件系统和数据标准都不统一，形成一个个信息孤岛。计世资讯调查显示，我国大约有80%的数据中心闲置，一天中大约15%的处理周期在进行工作（包括高校数据中心）。相对来说，科研信息化最突出的问题就是科研数据的共享问题。教育部2015年发布的《高等教育信息化发展研究报告》显示，我国高校科研信息系统建设较为落后，只有20%的高校建立科研知识共享平台，26%的高校建立科研项目交流平台，即便是在教育部大型仪器共享政策的引领下，也才有42%的高校建立了仪器设备开放共享服务使用网络化信息管理系统。数据的分析利用才是数据中心存在的价值，虽然大数据资源的建设取得了一定的成绩，但是离重视建设到应用驱动、建以致用还有一段距离。

（五）缺乏协同创新

当前高校大数据教育管理发展还存在校企深度合作不足的问题，大数据应用产品缺乏，活跃的企业不多。其次，成熟的教育软件不多，校企合力不足。目前我国高校信息技术软件应用系统建设模式主要有：购买成套产品、学校主导与开发商合作共同研发；用外包系统，很多定制；用外包系统，很少定制，其中，购买成套产品占大多数。我国高校教育管理软件不够成熟，由于企业擅长技术而短于业务，而高校擅长业务却短于技术，二者研发合力不强。因此，在系统实施过程中，技术企业要根据高校具体业务要求进行定制化开发，针对教育软件用户在教育实践中的痛点，研究亟须改革和解决的问题根源。当然，更提倡高校相关专业教师发挥熟悉业务、了解实践需求的优势，自主开发研究系统。最后，还存在优秀智慧教育方案推广不足的问题。相比国际发达的智慧教育，我国智慧教育起步较晚，智慧教育技术研发效能与觉醒程度及创新实力正相关，推广应用效能与观念解放及技术运用能力正相关。"好酒也怕巷子深"，由于缺乏有效的宣传，导致优秀的高校教育智慧设备、教学资源和智慧应用方案得不到广泛运用。借鉴支付宝、滴滴打车、百度云等商业软件的宣传推广策略，智慧教育解决方案的宣传策略应更多注重体验性，营销策略及盈利模式更应注重分步有偿化或"貌似免费"法，技术策略更应注重简单化与融通化，即平台功能丰富、融通，软件使用简单易学。智慧教育理念深入人心、智慧教育技术的"教技合一"必定是一个长期过程，通过有效的宣传和推广，这个过程必将变短。

（六）缺乏有效激励

虽然我国多数高校为数字化教学资源建设提供了一定额度的资金奖励、资源开发工具、资源开发的相关培训和一些技术支持，但是教师的积极性并不高，这成为我国高校大数据教育管理发展的另一障碍。主要原因包括以下几个方面：一是高校教职员工对高校大数据教育管理的认识不足。教职员工对什么是大数据教育管理，大数据教育管理会带来什么效果，慕课、小规模限制性在线课程、微课等对传统教育教学改革有什么意义等问题，并没有清醒的认识，更不能从学校发展的全局和未来教育发展的趋势出发而采取教育教学变革。二是大数据技术、翻转课堂、慕课及微课等新技术群给教师带来学习压力。人往往不愿走出舒适区，对构成挑战的新事物会有一种本能的抗拒。因此，智慧教育的教育方案、大数据教育管理的软件等必须朝着"方便、简单、智能"等方向发展，这样才能占领市场、赢得用户。三是大数据教育管理的优势并未充分显现。特别是在大数据资源建设初期，大量的数据输入和管理工作，似乎遮蔽了大数据技术在后期会产生的种种"好"。这种"近视"现象也是高校大数据教育管理阻力产生的根源之一。面对数据原居民的大学生，作为数据移民的教师需要勇气挑战和超越"旧我"，只有顺应时代发展和教育改革潮流，提高自身数据素养和信息素养，才能在数据时代创造新的成绩和发展。

三、促进我国高校大数据教育管理发展的思考及对策

高校教育管理的发展经历了三个阶段：古代的经验管理、近代的科学管理（样本教育管理）和现代的教育管理。现代高校教育管理又有三种境界：信息化教育管理、大数据教育管理和智慧化教育管理（生态化教育管理或文化教育管理）。以生态化、智慧化、人文性为特征的文化教育管理是高校教育管理的最高境界。在高校数据"生态圈"中，各类教育管理是"融通、共享、互激"的存在关系。当前，我国高校正处于信息化教育管理向大数据教育管理转变阶段。在高校大数据教育管理新范式建立过程中，体制机制是关键，正如玛丽莲·艾米和凯姆·万德林登所言，IT所带来的变化是关于组织政策、所提供服务类型、财政预算与支出、内部工作流动与工作行为、IT应用成果等方面的转变。因此，有必要充分借鉴国外高校大数据教育管理经验，深入思考促进我国高校大数据教育管理发展的关键问题，提出具有科学性、可行性和可操作性的对策。

（一）树立大数据教育管理发展理念

大数据时代，最需要的不是大数据，也不是大数据技术，而是大数据思维、大数据理念。大数据发展必须是数据、技术、思维三大要素的联动，高校教育管理大数据的发展，取决于大数据资源的扩展、大数据技术的应用和大数据思维与理念的形成。因此，树立数据开放、数据共享、数据跨界、数据合作的理念，是我国高校大数据教育管理健康发展的前提。

1. 树立分享理念

高校IT是大数据教育管理的基本设施和保障，其使命有两个：一是连接作用，"连接"师生、人与资源、师生与学校；二是支撑作用，支撑"教"和"学"，使之富有效率。发达国家高校大数据教育管理发展较早，数据治理理念比较先进，其突出IT技术与人的融合，这对我国高校大数据教育管理发展有着重要的借鉴意义。课堂上，教师在移动设备和其他应用程序的辅助下，创设参与性的学习环境；在课堂外，学生利用移动设备实现移动学习，打破课堂限制；在社交、管理等方面，移动设备都已广泛运用。借鉴之，我国高校大数据教育管理的发展理念要强调"连通与分享、人技相融、应用体验"的特点，

要体现中国特色、彰显学校个性。高校要打破部门、学校、行业、地域等界限，建立协同机制与分享机制，最大限度地践行大数据的开放与分享理念，实现教育资源和数据资源的共建、共享与共融，从而实现高校课堂教学结构的根本变革，实现教育管理水平和教育管理效益的显著提升。

2. 坚持"以用户为中心"

我国高校管理层要树立"以用户为中心"的管理导向，以学校战略发展目标为指导，以业务流畅性为准绳，融合软件、硬件、服务，向用户提供简单易用、明确统一的集成化服务，以大数据技术和信息推动学校管理模式、教育教学模式的变革。高校在1T规划管理应用方面，要突出人与人、人与资源的高度融合，开发一个统一的、无处不在的平台，简化管理任务，使其更容易被学生所接受。该平台是学校业务和"注册办公室"的扩展，并将成为高校的门户网站，为学生提供持续易用的账户、课程表、登记材料、成绩和基本校园信息访问。它是传播紧急信息状态的自动短信和语音广播；是集成校园、地方警察和医务人员的客户端；是服务平台的扩展，能够实现账单支付、购票、买书、购物及财政账户管理的无线交易；是"注册办公室"的扩展，有利于课程招生、学习过程的互动和动态的成绩访问；是与校友和家庭保持联系的工具；是集培训和教师/员工访问的统一平台；是传播校园信息的统一平台。高校要加强基础设施建设，寻找一种灵活的、可扩展的方式，去替代老化的电信网络设备。同时，寻找对老化设备的改进策略，如简化支持，满足学生和教师的需求，帮助学校创收等。融合设备是课堂交互性的硬件设备，这些"综合背包"会减少学生必须携带的学术工具，减轻学生负担，提高教师教学的可靠性，高校应推进这些"综合背包"在教育教学管理中的应用。

（二）坚持大数据教育管理发展原则

高校大数据教育管理发展涉及制度建设、平台搭建、管理模式、人才队伍建设等，明确工作原则是其成功开展的前提和保障。高校大数据教育管理发展原则主要包括以人为本原则、扬长避短原则及疏堵结合原则。

1. 以人为本原则

高校大数据教育管理具有属人的特点，不论是大数据教育管理的物理设施建设，还是大数据教育管理的软件系统开发应用、大数据教育管理的隐性文化培育，都必须坚持"以人为本"原则。首先，平台是基础，高校应完善大数据教育管理的基础设施，构建学生的物理学习空间和网络学习空间下相融合的立体化学习模式，这些物理设施要体现"用户至上"的价值追求。其次，高校大数据教育管理的软件系统在开发之初，最大限度地发挥人的主动性、维护人的尊严为基本标准，以人的全面化发展为根本目标。最后，高校大数据教育管理文化不是冷冰冰的数据理性，而应将人文关怀融于其中，以防止人的尊严、人的价值在强大的技术理性面前被贬低、被异化。在高校大数据文化建设中，一定要避免"大数据主义"的产生，要做到规避大数据的负面影响，而不否定大数据正面作用，弘扬数据理性，而不盲目崇拜数据。

2. 扬长避短原则

大数据的双重效应给我国高校教育管理带来了机遇，也带来了挑战。针对大数据技术的双面性，高校在制定应对战略、制度时要坚持扬长避短、趋利避害的原则。发扬大数据在促进民主、平等、公正、自由的大学文化建设及科学研究方面的优势，利用大数据的及时性、动态性及互动性等优势，营造新型师生关系；利用大数据的预警性来判断教育管理动态趋势，做到防患于未然；利用大数据的先进性，提升教育管理信息的安全性，从而保护师生隐私和数据财产不受非法侵犯。对于大数据可能产生的隐私泄露、人之异化及数据侵权等消极影响也要提前防范。

（三）加强大数据教育管理顶层设计

顶层设计具有长远性、战略性、科学性的特点。科学的大数据发展规划（IT发展规划）、完善的大数据发展机制（IT发展机制）及民主的治理模式，是马里兰大学大数据教育管理成功的重要原因，这对我国高校大数据教育管理有着重要的启发意义。

1. 制定策略规划

高校大数据教育管理发展战略规划是高校在现有条件和未来条件下，如何更好地实现战略既定目标所采取的措施。我国高校要加强大数据教育管理发展的顶层设计，就必须要制定大数据发展战略规划，这样才能做到胸有成竹。美国高校在此方面也有较好做法值得学习：马里兰大学IT规划的两大关键问题是资金来源及决策机制。在资金来源方面，其构建了全校性的以集中为主、适当分权的长效IT投资机制，以保证资金的高效分配和投资；在决策机制上，采取多群体参与的IT治理结构，从IT治理结构、多用户参与的IT评估体系（院系主任、行政主管、教师、研究者、管理者、IT员工、本科生代表、研究生）、首席信息官（CIO）身份与角色定位（既是高峰级管理者又是教师的双重身份或能力）三个方面来解决。正是基于用户主导、各群体广泛参与、民主治理的模式，马里兰大学的"IT战略规划"成为全校性的共同愿景，从而降低了在实施过程中来自用户的阻碍。高校大数据教育管理变革是一场"自上而下"的变革，这要求我国高校管理者在制定大数据战略规划时，要用战略的眼光、可持续发展的原则和开放协同的思维去行动。高校大数据教育管理发展要以建设"绿色、节能、智能、高效"的智慧校园为目标，对利益分配、资源统筹、平台搭建、治理结构、评价激励等方面进行精心设计和规划，要突出人与技术的深度融合，体现"大技载道"的技术智慧和技术人性，要激发各方的参与积极性和主动性，最终促进高校教育管理质量和效益的提升。

2. 加强组织领导

专门的教育信息管理机构是必要的。2012年，教育部成立了"教育部信息化领导小组"。同年，教育部成立教育信息化专家组，用以指导全国教育信息化推进工作。国务院2015年印发的《纲要》对教育信息化机制建设提出明确要求："在各级各类学校逐步建立教育信息化首席信息官制度，明确一名分管领导担任首席信息官，全面统筹本单位信息化的规划与发展。要明确教育信息化行政职能管理部门、业务应用推进部门、技术支持部门等各主体在教育信息化建设应用格局中的责任与义务，建立教育信息化和网络安全问责机制，确保教育信息化的健康、有序发展。"从宏观上看，高校要将信息化、智慧化与现代大学治理紧密结合起来，促进信息技术与教育教学和服务的深度融合。高校信息化领导机构需要重新调整，信息化部门要从单一的技术管理型向技术型与管理型并重的方向转变，加强海量数据的分析利用，充分发挥其潜在价值。对此，我国当前急切需要探索首席信息官的运行模式，统筹高校的信息化规划、系统建设、应用推广和业务协调等工作，在二级学院、单位和部门均设置专门的信息员岗位和人员，使信息化嵌入高校的每一个单元之中，尝试推进两级信息建设（信息员制度、学院试点制）。IT 的业务价值在于：一是业务运营；二是业务增长；三是业务转型。如果不关心所在机构的整体业务目标和战略，那么就无法提出引起领导层兴趣的方案。在工作创新上，高校 CIO 要学会变革管理。总之，高校 CIO 一定要积极推动创新，不管是技术创新还是应用创新；一定要主动研究变革，不论是技术变革还是研究组织变革；一定要关注目标，不仅是 IT 目标，更重要的是高校总体发展目标。

3. 明晰发展架构

麻省理工学院的开放课程（OCW）项目目标定位清晰、体系结构合理，OCW 项目总监行政部门的出版组、技术组、评估组、沟通组四个职能团队各司其职，保障开放课程的顺利实施。课程的整个发布过程流水线性进展，从课程登记到课程资源准备和设计到内容的格式化和标准化、建立课程站点、初步评价、阶段发布、故障排除和完善等，各环节紧紧相扣，流水线化保证了工作效率的提高，降低了项目运作成本，从而整体推进了工作进度。同样，我国高校大数据教育管理发展必须有一个清晰的架构，才能使数据采集、管理、使用、维护等各环节衔接有序、运转顺畅，从而促进学校各项事业可持续发展。我国高校要借鉴发达国家高校大数据教育管理发展的经验，依据国家《纲要》的精神，制定符合学校定位与发展实际的大数据发展规划。坚持业务导向和问题导向，坚持建设与运维并重，要提出具体明确的大数据发展战略规划目标，要在广泛调研的基础上任务聚类，要提高制度建设、规划方案的科学性和可操作性，考虑全员的利益，加强需求调研的广泛参与和透明性，让数据中心的建设效果最大化。

（四）完善大数据教育管理制度规约

美国和欧盟在实施大数据战略的同时，也实施了限制举措，欧盟以苛刻的数据保护条例来保护公民的个人信息不被侵犯，美国法律严禁公司或运营商对公民个人信息进行销售。总体上看，信息技术给高校教育管理带来的种种机遇和变革的"利"远大于目前还未出现或者初显的"弊"。各级政府对于大数据、云计算在高校中运用的态度应包括"促进"和"规范"两个维度，一要通过法律法规促进高校教育资源共享平台、数据平台的建设和开放；二要通过法律法规进行大数据利用和交易的规范化，从而保护个人隐私、保护数据安全。"促进"和"规约"是车之两轮、鸟之双翼，对于高校大数据教育管理发展也是如此。

1. 建立完善的大数据制度体系

高校大数据制度的制定推动教育管理制度体系的整体变革。在高校大数据制度生态中，包括两类制度，一类是规范制度，另一类是促进制度。高校在制定校本大数据管理办法的时候，应在遵循国家法律法规的基础上，根据学校实际、地区实际，制定具有可行性和创新性的制度，应考虑管理制度的稳定性和可持续性，在规范大数据教育管理行为的同时，积极促进大数据教育管理的变革。

2. 解决大数据建设有关争议

高校大数据管理制度主要包括采集制度、存储制度、使用制度、公布制度、审查制度、安全制度等。形成完善的制度体系是一个过程，当前高校这些制度的建立处于探索阶段，存在诸多争议：一是在采集制度方面，存在着知情权与告知义务的明确规定是否必要的争议。二是在存储制度方面，存在存储期限的争议，哪些数据需要设定短期存储、哪些数据需要设定中期存储、哪些数据需要设定长期存储、哪些数据需要设定永久存储。当然，保存期限与数据的性质及存储者所评估的数据价值相关，但是主观评估价值都具有相对性，现在认为没有价值的数据也许未来价值很大。三是在使用制度方面，存在着有偿使用还是无偿使用的争议。无偿使用，限于高校办学资金限制，但是有偿使用有悖教育的公益性，也阻碍数据的流转、传播与价值放大。四是在公布制度方面，存在着原始数据之争、安全之争、质量之争、价值之争、虚实之争。五是在审查制度方面，存在业务部门审查，还是技术部门审查，还是第三方审查的争议。数据采集后业务部门审查发布，则对数据质量不能保证，第三方审查或技术部门审查，因对业务不熟悉，只能从宏观或技术层面进行查错。六是在数据安全制度方面，存在究竟人防和技防哪个更可靠的争议。高校必须高度重视这些大数据制度争议，并努力予以解决，否则高校大数据相关制度的制定将无从下手。高校制定数据安全管理办法的核心内容应包括：建立数据安全管理的部门架构；建立数据资源的保密制度、风险评估制度；采用安全可信的产品和服务，提升基础设施关键设备的安全可靠水平；采取数据隔离、数据加密、第三方实名认证、数据迁移、安全清除、完整备份、时限恢复、行为审计、外围防护等多种安全技术等。

3. 加快制定大数据相关标准

广泛应用区域教育云等模式，积极推动各级各类学校建设基于统一数据标准的信息管理平台，实现各类数据伴随式收集和集成化管理，形成支撑教育教学和管理的教育云服务体系：数据的价值通过数据共享来实现，但是高校教育管理大数据的异质性给数据共享带来了挑战。因此，需要鼓励提高智慧教育设备的高互操作性、源数据和接口及标准的可共享性，从而提高数据的可访问性和价值增值。高校大数据标准制定的前提是遵循国家标准和行业标准，即国家大数据标准和教育行业标准，这样才能既保证高校内部各类数据之间的统一和共享，又能与学校外部的各类教育数据进行集成与共享。高校数据标准应具有可行性、适用性和延展性：可行性和适用性的要求保证大数据标准从高校业务实际出发，具有切实可用的价值；同时，高校又要立足长远的教育变革，使数据标准具有延展性。另外，高校在选择大数据技术合作伙伴时，不仅要顾及其技术能力及业务领域的成熟度，同时要考虑技术方案与现有数据及标准的兼容性。特别是学校内部或高校之间的资源采取标准接口和协议，并对异构的、动态变化的教学资源进行整合，这是建立共享机制的基础。虽然高校数据标准应根据国家数据标准进行，但是在国家教育管理大数据标准出台之前，高校不能消极等待，而是应该积极主动地组织教育管理大数据方面的专家和业内人士进行提前谋划与研制。

（五）促进大数据教育管理协同发展

凡是成功的大数据教育管理案例，无一不是多部门单位协同的产物。麻省理工学院（MIT）秉持"卓越、创新和领导才能"的价值追求，坚持"提升知识、传授科学和其他领域的知识，使21世纪国家和世界变得更美好"的办学目标，自2001年开始，实施开放式课程（OpenCourseWare，OCW）计划。这个计划延续了美国高等教育分享的理念，其追求开放的、优质的、方便可获取的教育资源最大化。麻省理工学院也是开放教育和网上教育的先行者，其OCW行动对世界教育产生深远的影响。OCW 的成功是多方合作的结果，这种多方合作的机制使其能够集合多方的优势资源，包括项目基金会的运行、项目评估的支持以及厂商合作的支持。我国高校大数据教育管理建设也要协同政府、企业、高校及研究机构的力量，共同促进高校教育管理的智慧转型。

1. 政府宏观引导

在高校大数据教育管理协同机制中，政府主要在政策法律法规、资金投入、协同科研、标准制定、考核评估和宣传奖励等方面发挥宏观指导作用。首先，国家要加大相关立法和标准制定的力度。促进高校大数据教育发展的法律法规包括两类：一类是规范法律，另一类是促进法律。高校大数据教育管理生态系统中的关键因素当数隐私、安全和道德问题。对于隐私的保护、安全的保障和所有权的澄清是大数据技术应用不能回避的挑战，必须正视且合理解决，以促进大数据技术的正确使用而不被误用、错用，促进其工具理性与价值理性的统一。普通教育与职业教育和继续教育的沟通有赖于终身学习成果认证体系及学分累计及转化制度的建立。对于诚信问题的解决，可以借鉴 Coursers 依靠网上监考技术、凭借打字节奏判断学习者是否本人的方法，也可以借鉴美国教育考试中心（ETS）英语四六级在线考试的改革方式，联盟高校相互设置考点，学生就近机考。其次，要完善大数据制度规约，寻找发挥高校大数据价值、规避大数据技术风险之道。一是要建立健全数据的采集、审查、公布、存储、使用、保护制度，平衡管理创新与隐私保护、数据规范与自由发展。二是要加大对高校教育管理大数据技术研发的资金投入，重点在人工智能、实时处理海量数据及数据可视化分析及应用方面。三是要实行改进购买、使用和审核的分离，提升"信息化建设项目"的可持续性；要坚持集约化，提升投资绩效；推动机制创新，推动信息技术与高校教育教学深度融合。四是要实施智慧教育重大应用示范工程。

2. 社会积极参与

高校大数据教育管理发展离不开社会力量的参与，高校参与企业协同，发挥各自优势，共同研发教育管理大数据技术和培养大数据人才。2016 年 12 月，国家发改委确定了 19 个国家工程实验室、8 个互联网+领域国家工程实验室。

其中，互联网教育关键技术及其应用国家工程实验室名列其中，由全通教育集团（广东）和北京师范大学共同承担；11个大数据领域国家工程实验室，其中，教育大数据应用技术国家工程实验室由华中师范大学承担。这些国家工程实验室除了清华大学、西安交通大学和深圳大学等高校，还有百度、奇虎360、圆通速递等重要企业，以及中国科学院计算机研究所、上海数据交易中心有限公司等单位。实际上，在校企合作方面，各高校已进行了有益的尝试，如西安电子科技大学与360公司合作，以西安电子科技大学网络与信息安全学院以及国家网络安全人才培养基地平台为依托，共建西电–360网络安全创新研究院。目前，与360公司展开合作的高校有北京大学、武汉大学及西安交通大学等高校。我国高校要加强与企业合作，结合本国、地区及学校的实际，联手打造具有本土特色的智慧教育方案，建立高校大数据技术与安全保障体系，以技术、方案、服务和运营推动教育服务市场发展。同时，高校自身也应利用自身对教育教学管理业务熟悉的优势，依托学科、专业，结合教学实际，研发相关大数据产品。最后，还要借助社会力量促进高校教育大数据技术成果的推广和应用。寻找阻碍智慧教育方案推广的原因，推动方案落地，政府、高校和企业还需要付出更多。

3. 开展国际合作

我国高校教育管理必须抢抓机遇、博采众长、知己知彼，方能实现跨越发展。发达国家在教育、经济、科技、人才及国家综合实力上具有先天优势，因此它们抢得了大数据教育管理发展的先机，并积累了一定的经验，这对我国高校大数据教育管理具有重要的借鉴价值。美国使大数据在商业领域发挥了"点石成金"的魔力，也是首个将大数据上升为国家战略的国家，同时还是最早启动培养面向未来的大数据人才的国家。斯坦福大学、伯克利加州大学及迪肯大学等都开设了诸如机器学习等全新的、为培养下一代的"数据科学家"的相关课程。此外，韩国、新加坡、日本、加拿大、欧盟及以色列等国家和地区的智慧教育已取得初步成效。因此，我国高校要建立国际交流与合作平台及机制，避免走错路、走弯路，促进走对路、少走路、大超越。首先，我国高校要加强在大数据教育管理技术方面与国外高水平高校的合作，增强我国大数据关键技术、重要产品的研发力，拥有技术主权，避免技术垄断与殖民。其次，我国高校要加强在学科建设及人才培养等方面与国外的交流与合作。再次，我国高校要坚持网络主权原则，积极参与数据安全、数据跨境流动等国际规则体系建设，促进开放合作，构建良好秩序。最后，高校教育管理的变革是一项系统工程，牵一发而动全身，面对全球智慧教育的发展潮流，必须保持理性，既不能跟风，也不能坐失机遇。国际上的智慧教育方案大都处于边研究、边实践、边应用的阶段，企业开发的产品基本上都是第一代，虽然体现了智慧教育的愿景，但是还不具备大面积推广的价值，我国高校大数据教育管理方案也存在这些问题，这也是我国智慧教育展为何仅是"秀"的韵味更多一些的另一原因。总之，我国高校在学习借鉴国外高校大数据教育管理成功经验的同时，要用批判的眼光和战略的思维，提出适合国情、能够解决实际问题的本土智慧教育方案。

（六）创新大数据教育管理分享机制

高校教育管理数据资源开放程度越高，产生的价值就越大，没有共享和开放的数据，只能是一堆没有生命和意义的数字。高校教育管理公共数据资源统一开放的程度包括低、中、高三度，高校公共数据资源低程度统一开放仅限于部门内部，中等程度公共数据资源统一开放限于地区，而全国统一开放的高校教育管理数据库则是高程度的，当然更高程度的统一开放是面向全球，从而达到人类知识信息的共享。

1.采取分步实施、逐步推进的方式

公共数据服务作为未来新兴产业，正逐渐走向集成、动态、主动和精细的发展阶段，但是在数据公开方面，引导潮流的很难是个人或企业，显然，代表公共利益的政府应是数据开放潮流的引领者和规则制定者。大数据时代已经来临，我国需要共享精神。我国高校大数据共享机制的建立也可采取分步实施、逐步推进的方式，在保证数据安全的前提下，先强制后自觉，逐步冲破部门、学科、专业、行业、领域等之间的藩篱，不断推进高校教育管理大数据实现更高程度上的开放、共享和应用。

2.建立利益共享的激励机制

高校大数据教育管理发展是一项系统工程，需要建立多方参与、无缝对接的合作共同体。推进高校大数据教育管理面临的阻力有很多，包括资金、技术、人才及体制机制等，其中体制机制是关键，利益共享是各方密切合作的动力。

这个合作共同体也是一个利益共同体，不同的利益诉求、相同的求解方式将多方联结在一起，所以建立健全利益共享机制具有"射人先射马"的战略意义。在国内大部分高校的开放课程建设投资中，占比较多的是政府和高校投资，社会公益投资很少，大数据教育管理的成本分担机制没有形成。要构建多方融资的渠道，就必须要有合作方各自利益点的发掘。有些高校已经尝试实行学分互认，为了长期可持续合作的需要，建议可以尝试推行完全学分制，或者在目前不完全学分制的基础上，对各门课程学分估价，对于依托合作高校在线课程修满的学分可以给合作高校适当费用补偿。另外，建议建立科研数据的分级共享机制。对于造福全人类的科研数据，建议建立数据开放共享的激励机制。国家在宏观政策方面进行引导，对于致力于推进知识传播、文化发展和社会进步的慕课资源进行经费补偿；设立智慧教育进步奖，对于推进大数据教育管理的相关教师及管理者进行表彰奖励，甚至鼓励学校内部实行教师职称评聘等制度改革，对大数据教育管理相关奖励予以肯定和倾斜；在国家高等教育教学成果奖的评选导向上，建议将高校大数据教育管理作为未来教学成果奖评选的重点内容之一。

（七）构建大数据教育管理评价体系

教育数据"资产"无疑是智慧教育构建的基石，只有建立科学的评价机制，才能推动从数据采集到数据利用的"一体化"发展，实现智慧教育的良性循环发展。英联邦大学协会（ACU）、OCW 及英特尔未来教育项目无一例外地给予评估活动高度重视，在制度、资金及专家、人员等方面给予保障，这带给我们诸多思考。

1. 建立完善评价体系

OCW 在组织架构上，将评估咨询委员会作为 MIT 院长办公室下面重要的一级机构，建立一个专门的评估团队，设计一个集项目评估和过程评估于一体的评估体系，并分别建立了评估档案。项目评估侧重评估课程的访问情况、使用情况和影响情况；过程评估考察 OCW 实施过程，评估其工作效率和效果。项目评估与过程评估体系相结合的方式，有助于评估团队全方位了解项目的实施和进展情况，以便制定相应的改善措施。另外，ACU 也高度重视评估工作，对移动学习项目进行持续监测和评估，每年都会发布移动学习报告，为学校下一步科学决策提供依据。我国高校应加强督导，形成对高校大数据教育管理的评价机制和反馈机制。要加强大数据教育管理评价体系的顶层设计，将大数据基础设施和制度建设作为高校的基本办学条件之一，纳入学校的基本评价指标体系之中。同时，建立高校大数据教育管理建设和实施过程中各个环节的具体评价体系，做到"无事不规划、无事不评价、无事不反馈"。高校大数据教育管理建设指标体系的设计要突出教学的中心地位，坚持效果评价与过程评价相结合的原则。

2. 建立完善评价方式

英特尔有一个明显的特点，就是强调评估的重要性，从开始就实施评估流程。这种评估和跟踪体现在新计划的规划与设计流程中及财政预算与人力资源的分配上。他们认为，只有当评估结果出来后，才能做出关于开发方向的决定。英特尔未来教育项目斥巨资进行教育评估，其采用第三方客观评价的方式进行。我国高校大数据教育管理中，也要重视各种规划或工作的实施情况，进行阶段性和总结性评估，评估其实施状况与实施效果是否达到了最终的目标。我国高校要建立量化督导评估和第三方评价制度，将督导评估结果作为相关人员奖励和问责的依据，以提升学校发展教育信息化的效率、效果和效益。我国高校在大数据教育管理建设中，既要关注整个数据治理的全流程管理，又要关注数据分析和利用的效果评估，通过对高校数据采集、数据全流程管理、数据质量、数据治理能力、数据利用等各个环节的项目评估、过程评估和效果评估，促进高校大数据教育管理各个环节的改进。这是一个长期的持续优化和迭代的过程。

（八）强化大数据教育管理师资培养

我国高校大数据师资队伍建设可从以下几个方面着手：

1. 改革培训体系

教师是大数据时代"更加成熟的学习者"，教师和学生之间是相互协作的关系。高校在大数据人才培养方面具有特殊使命，不仅要培养数字公民，对于教育者自身的信息技术能力的要求也很高。大数据时代教师角色将发生巨大转变：由传统的"知识占有者"向"学习活动组织者"转变，由传统的"知识传授者"向"学习的引导者"转变，由"课程的执行者"向"课程的开发者"转变，由"教教材"向"用教材"转变，由"教书匠"向"教育研究者"转变，由"知识固守者"向"终身学习者"转变。大数据时代，高校教师的信息素养包括对信息的收集和处理能力及运用信息技术进行专业教学和提升的能力。借鉴美国及英特尔的教师培训项目经验，我国高校应建立并完善教师专业发展培训课程体系，重新设计教师职前培训项目，将原有的一节技术课程转变为可以使教师深入运用技术的教师职前培训课程。要改革职后培训项目，使其内容紧跟时代潮流及教育改革潮流，能够与时俱进地反映学生发展的根本需求。教师职前培训课程体系建议设置"基础课＋专题课＋核心课题＋自选课"的课程模块。另外，课程体系也不应千篇一律，而应根据不同的培训对象采取不同的方案，差异化的培训课程和教材才能更加有效促进全体教师的大数据素养。对职后教师的培训而言，需要学校根据教育管理工作的需要和教师的特点进行，要采取个性化的培训方式，即"按需培训""多元培训"及"个性化培训"。

2. 创新培训方式

对高校教师的培训，从内容上来讲，不仅包括大数据技术，更包括大数据理念、大数据思维。英特尔未来教育项目的主要授课方式就是三种模式：人—机交流、机—机交流和人—人交流。在互联网、大数据技术背景下，高校教师必须具备基本的信息素养和大数据素养，熟练掌握并运用新技术促进教学革新。在人与人交流模式中，合作、体验的特点得到彰显；在模块化的学习中，创新的思维得到彰显。对高校教师大数据素养的培训不能期望一门信息技术教育基础课程能够"包治百病"，要将信息技术能力培养与课程、具体准备项目相融合。实施教师准备项目，确保教师按照有意义的方式掌握技术，模拟如何选择和使用恰当的 App 工具为学习提供支持，并能评价这些工具的安全性和有用性。高校要在培训中贯穿自主、交互、探究、体验式的学习活动，充分利用网络平台开展研讨和交流，让教师体验新的学习方式，让他们日后将所学运用于自己的教学中。

3. 协同多元力量

高校教师大数据素养培训主体有三个：一是教育行政主管部门，二是信息技术提供商，三是高校。按照《纲要》要求，要建立协同机制，充分利用社会资源，加强对高校教师大数据能力的培养。高校可依托政府培训项目，遴选教师参与培训，建立大数据人才库；与大数据技术公司、大数据应用公司及大数据培训公司等企业合作，不断提高教师信息技术使用能力、大数据分析能力及教育教学改革创新能力。或者在国内设立培训基地，建设试点高校，充分发挥其对其他高校教师发展的辐射和示范作用。同时，要加强国际合作，可与美国、英国、韩国、日本等智慧教育领先国家加强合作，双方互派培训人员，相互学习、相互借鉴，从而推进我国高校教师大数据素养不断提升。当然，高校除了要提升教师的大数据素养，还应提升学生的大数据素养。高校教育教学活动是师生共同参与的活动，具有"双主体"的特点，任何一方的大数据素养不高都会影响大数据教育管理的顺利进行。正如学者所说，智慧教育是一种"人机协同工作系统"、人和技术协同作用而构成的教育系统，人是技术的主宰。

第三章 大数据环境下高等教育信息化的基础理论

第一节 高等教育信息化的内容与目的

信息社会的高速发展要求教育必须进行改革，以满足信息化社会对创新人才的要求；同时，信息社会的发展也为这种改革提供了环境和条件。信息技术在教育中的广泛应用必将有效地促使教育现代化。教育信息化是教育面向信息社会的要求和必然结果。

一、教育信息化的概念

信息化的概念最早起源于20世纪60年代的日本，20世纪70年代传播到西方国家和地区。我国在1997年召开的首届全国信息化工作会议上，将信息化和国家信息化的概念定义为，"信息化是指培育、发展以智能化工具为代表的新的生产力并使之造福于社会的历史过程。国家信息化就是在国家统一规划和组织下，在农业、工业、科学技术、国防及社会生活各个方面应用现代信息技术，深入开发广泛利用信息资源，加速实现国家现代化进程"。从本质上讲，信息化是将信息作为构成某一系统、某一领域的基本要素，并对该系统、该领域中信息的生成、分析、处理、传递和利用所进行的有意义活动的总称。

教育信息化是将信息作为教育系统的一种基本构成要素，并在教育的各个领域广泛地利用信息技术促进教育现代化的进程。简单地说，教育信息化是指在教育领域利用信息技术，对教育内容（信息）进行分析处理、加工改造、组织传播、共享使用，以实现教育现代化的过程。教育信息化是国家信息化的重要组成部分，对于转变教育思想和观念，深化教育改革，提高教育质量和效益，培养创新人才具有深远意义，是实现教育跨越式发展的必然选择。教育信息化的全面实施必然会形成一种全新的教育形态——信息化教育。

二、高等教育信息化的内容

高等教育信息化的内容是信息技术在教育中的应用，主要内容如下。

（一）教育信息环境的完善

这里的环境是指用于学习的环境，是指用于教育信息存贮、处理和传递的信息环境。教育信息环境主要包括用于远程教育的信息网络系统、学校的校园网、计算机辅助教学（CAI）教室、网络教室、用于教和学的各种支援系统及用于各种教育资源，教育设施管理的管理信息系统。

（二）教育密源的建设和使用

教育资源是用于高等教育信息化的各种信息资源。与信息环境相比较，教育资源在教育中的应用具有更为直接的作用。教育过程主要是通过各种教育资源的应用予以展开和控制的，对各种教育信息资源的生成、分析、处理、传递和利用应根据教育信息的特点，教育过程的要求展开。

（三）人才的培养

高等教育信息化的根本目的是推进素质教育，实现创新人才的培养。面向信息社会的人才应具备的一项基本素质是信息能力。它是信息社会中每一个人赖以生活，用于学习的基本能力。它是进入信息社会的通行证。高等教育信息化应将每一位学生，乃至全体国民的信息能力培养作为一项重要的内容。它是实现国家信息化的重要基础和保证。目前，在我国多级、多类学校中广泛开展的信息技术教育应该认为是实现国家信息化，高等教育信息化的重要步骤和重要内容。

为了实现高等教育信息化，为了实现国家信息化，需要培养大量信息技术的专业人才，高等教育信息化应为我国各行、各业的信息化培养大量信息技术的专业人才。它是高等教育信息化的一项重要内容。

三、高等教育信息化的目的

高等教育信息化必将涉及许多具体的技术和机器在教育中的应用,它使得一些人往往以技术论、机器论的观点来认识高等教育信息化的目的,认为高等教育信息化就是以机器代替教师讲课,代替教育写板书,就是以电子教材代替印刷教材,就是实现网上学习,实现CAI学习等,并以代替性、省力性、顺利性、效率性作为评价高等教育信息化的尺度。

高等教育信息化的目的是培养创新人才,是实现教育的现代化。高等教育信息化应以新的教育思想、教育观念指导信息技术在教育的各个部门、各个领域广泛应用,应根据创新人才培养的要求,利用信息技术,探索新的教育模式,促进教育现代化。

高等教育信息化的过程不能简单地认为是信息机器、信息技术的引入过程。高等教育信息化的过程是教育思想、教育观念转变的过程,是以信息的观点对教育系统进行分析、认识的过程。只有在这样的基础上指导信息技术的教育应用,才是我们所需要的高等教育信息化。

四、教育信息化对我国教育的影响

我国教育信息化的实践经验表明,教育信息化对我国的教育事业产生并将继续产生更加重大的影响。主要影响如下。

(一)促进教育观念的转变

教育信息化促使人们适应信息时代的要求,转变传统的教育教学思想观念,重视信息科学技术和人的素质培养,树立面向世界、科学发展、与时俱进、以人为本的思想观念,树立以创新能力和信息素养培养为核心的现代教育教学观。教育信息化带给人们的是全新的信息资源,全新的理念和全新的硬件、软件环境。

(二)推动教育教学改革

教育信息化的本质就是教育的现代化和素质教育。教育信息化的过程就是实现教育现代化和进行信息素养教育的过程，使教育由传统模式、半传统模式走向现代化模式是教育改革的过程和方向。教育信息化本身就是教育教学改革的内容。信息化推动了教育体制、教育内容、教育过程、教育模式、教育环境等的全面改革与发展。

（三）催生与发展信息化教育

教育信息化的直接效果就是催生与发展了信息化教育，使现代教育进入信息化时代。也就是说，信息化教育是教育信息化产生的新的教育形态。培养信息化人才、提高信息素养、倍增教育效益是信息化教育的功能，也是信息化教育的任务。

（四）带动教育信息科学和现代信息技术的发展

教育信息化是驱动教育信息科学和现代信息技术充分发挥作用的动力系统，教育对教育信息科学和现代信息技术的需求要求二者适应需求并且发展进步，这是一种互动关系，正如恩格斯所说："社会一旦有技术上的需要，则这种需要就会比十所大学更能够把科学推向前进。"

第二节　高等教育信息化的要素与特征

一、高等教育信息化的基本含义

在信息时代，任何领域都无可避免地趋向信息化领域，而教育想要实现现代化更加需要信息化，同时信息化可以服务于教育现代化，在信息化与教育结合以后便产生了高等教育信息化。

教育现代化一般有两层含义：一是，把提升信息素养纳入到教育目标；二是，将信息手段有效地运用于教学与科研，注重教育信息资源的有效使用以及开拓。高等教育信息化的目的是让教育教学的方式更加注重科学技术、教育资源传导信息化、教学方式更加现代化，要求在教育的过程中，能够较为全面地利用以计算机、多媒体与网络通信为基础的现代信息技术，促进教育改革，从而适应信息化社会的新的要求。

二、教育信息化的基本要素

国家信息化体系由信息网络，信息资源，信息技术应用，信息技术和产业，信息化人才，信息化政策、法规和标准六个要素构成。这六个要素是一个有机整体，构成符合中国国情的、完整的信息化体系。而对于一个行业的信息化建设，信息网络是基础，信息资源是核心，信息资源的利用与信息技术的应用是目的，而信息化人才，信息技术产业和信息化政策、法规和标准是其保障。教育信息化作为一个行业的信息化也不例外。

（一）信息网络

信息网络是教育信息化建设的重要内容，也是实现教育信息化的物质基础和先决条件。目前我国已经建成中国教育与科研网、中国卫星宽带远程教育网络、中小学"校校通"工程、高校"数字校园"建设工程、中小学远程教育建设工程以及应用于学校教学的普通电教室、多媒体综合电教室、计算机室、微型电教室、CAI 教室、网络教室、语言实验室、电子阅览室等，这些都是教育信息化中信息网络基础设施建设的重要内容。这些基础设施的建设既为我国的教育信息化奠定了基础，也为信息化教育的实施创造了条件。目前的信息网络分为电信网、广播电视网和计算机网三种，三网交叉互补，将来发展为三网融合。

（二）信息资源

教育信息资源是用于教育和教学过程的各种信息资源。它的开发和利用是教育信息化的核心，也是教育信息化建设成功的关键：教育信息资源可分为以教育信息载体为核心的教育软件资源和以管理信息系统的基础数据为核心的教育管理信息资源两大类。其中教育软件资源主要包括以多媒体素材、各类 CAI 课件、网络课程等为主的多媒体教育信息资源，以文献资料查阅和检索服务为主的图书情报信息资源，以教育信息资源的生成、分析、处理、传递和利用为主的各种工具类资源以及浩如烟海的网络资源等。教育管理信息资源主要是指为实施现代教育管理而建立的以教育者、教育内容、教育对象、教育资源及其支持服务体系为主要内容的各类数据库资源。

（三）信息技术应用

信息技术的应用是教育信息化建设的根本出发点和直接目的。有了信息网络和信息资源这些基础条件之后，信息技术的应用便成为教育信息化的主角，可以说，教育信息化建设的效益主要体现在应用这一环节。在信息技术应用方面主要应做好四件事：一是，做好与思想理论、方法密切相关的硬件建设，它决定着信息技术应用的方向，直接关系到信息技术应用的质量和效果；二是，建立与当地教育信息化建设环境、教育对象以及教育内容相适应的信息化教育模式；三是，必须提高人们应用信息技术的兴趣和基本技能；四是，在不同层次上开展信息技术与课程整合的理论研究与实践，并将其作为学校信息技术应用的主要任务。

（四）信息技术和产业

信息技术是一种技术体系，其中最重要的是传感技术、通信技术、计算机技术、微电子和软件技术等。教育信息技术有其共性和特殊的内涵，教育信息技术除在教育中常用的计算机多媒体技术、计算机网络技术、卫星通信技术、广播电视技术等电子信息技术之外，还有传统教育信息技术、教育组织系统技术、教学系统方法和教育信息资源管理等类型。信息产业是研究、制造、供应信息技术与装备、信息产品与软件产品以及提供信息服务与信息安全保障的行业部门的统称。信息产业是国民经济的基础产业和支柱产业，被称为"朝阳产业"。同样，教育信息产业是教育信息化的基础和支柱。教育部门和教育工作者的主要任务是信息技术和信息软件产品的研制、开发和生产服务，如与学校共同编制出版信息化教育需求的电子教材，开发教学系统平台、教学软件工具、电子信息资源等，为学校提供教师培训、技术咨询、社会信息资源等高品质、专业化的服务。教育产业的市场运作对教育信息化发展起着重要的作用。

信息技术产业主要指信息技术设备制造业和信息技术服务业。由于信息技术设备制造业的发展需要强大的技术和资金做后盾，因此，在我国的教育信息化过程中，信息技术产业的发展应由不同的社会部门分工协作来完成。其中教育信息技术产品的制造业应动员教育系统、科研院所和相关企业等互补性较强的部门共同参与，以便将教育系统从教育信息技术产品的开发中解脱出来，集中精力做好以教育信息资源的开发和利用为主的服务业。

（五）信息化人才

教育信息化，人才要先行。为了实现教育信息化，需要培养大量掌握信息技术基础知识，具备信息技术应用能力的教育信息化人才。作为一个行业的信息化，教育信息化人才有两层含义：一是，通识型教育信息化人才，这是对在教育领域从事教育、教学、管理及其他服务的各类人员而言的，也是对该领域全体人员信息技术知识、能力和素质的共同要求；二是，专业型教育信息化人才，主要是指专门从事教育信息物态化技术和智能形态技术的研究与开发、教育信息化建设、教育信息化应用和维护的人才。一般来说，对通识型教育信息化人才的要求是应具备基本的获取、分析和加工信息的能力，而对专业型教育信息化人才的要求更高，分工更细，可以是高级软件人才、网络工程师或微电子技术专业人才等。

另外，作为信息化人才培养重要基地的高等学校，一方面要关注教育行业的信息化，为教育信息化培养通识型教育信息化人才和专业型教育信息化人才；另一方面还要担负起为整个社会培养信息化人才的任务。

（六）信息化政策、正规和标准

教育信息化是一项系统工程，为确保我国教育信息化工作的顺利进行，国家相关部门应当针对教育信息资源开发、教育信息网络建设、教育信息技术应用、教育信息技术和产业等各个方面制定一系列政策、法规和标准。建立一套完善的促进信息化建设的政策、法规环境和标准体系，以规范和协调各要素之间的关系，这既是教育信息化健康发展的重要条件和保障，也是开展教育信息化的依据和蓝图，只有这样，才能使各级政府、各个单位和部门的教育信息化变得规范化、秩序化，也才能推动教育信息化健康顺利地向前发展。

信息化政策、法规和标准用来规范和协调信息化体系各要素之间的关系，是国家信息化快速、持续、有序、科学发展的根本保障，20世纪90年代中期以来，我国党和政府发布了一系列引导、鼓励和扶植信息化的政策性、法规性文件，积极推动信息立法工作，先后颁布实施了《中华人民共和国商标法》《中华人民共和国专利法》《中华人民共和国著作权法》《计算机软件保护条例》等法律、法规，保障了信息化事业的顺利发展。教育部对教育信息化技术标准化工作极为重视，成立了教育部教育信息化技术标准委员会，组织研究指导、制定、推广与教育信息化相关的技术标准。在国际、国家制定的教育信息化标准体系的基础上，国家和地方根据实际情况进行了本土化制定，对教育信息化起到了规范指导作用。

三、高等教育信息化的基本特征及优势

相较于过去的教学方式，高等教育信息化其实就是在传统教育方式的基础上增加的信息技术这一属性，使得信息化的教育方式比传统的教育方式多出了一些东西，让其更加适应新时代的要求。

（一）高等教育信息化的基本特征

从技术属性上讲，其特点为数字化、网络化、智能化和多媒体化。其中，数字化让整个教育系统的设备更简单、性能更可靠；网络化则让教育资源实现共享，活动的限制减少，人与人之间的合作更加便捷；智能化让整个体系的教学行为更加人性化，人机之间的沟通更自然，繁重的任务实现自助处理；多媒体化使信息媒体设备一体化，信息表现方式更加多样，复杂的东西更加具身化。

从教育属性上讲，其特点为开放性、共享性、交互性以及协作性。开放性让教育教学更加社会化，加强了教育自主化；共享性为受教者提供了极其丰富的知识资源；交互性加强了各个阶段的各个参与者之间的交流沟通；协作性为各个阶段参与者提供更多的交流机会。

（二）高等教育信息化的优势

1. 信息传递优势

现代的经济学认为获取信息是克服人类"无知"的唯一途径。而在获取信息的过程中，信息传递所占的成本占了绝大比例。而传统的教育方式当中，学生与老师面对面教授所付出的时间、人力、物力资源较多，且所取得的效果与当今的信息化教育方式没有太大的差距，但信息化教育在知识以及其余各种教学资源的传递上，花费的人力物力等社会资源较少，网络教学的高速度信息传递功能，更是大大地节约了全社会的信息传导成本，而这也就造就了高等教育信息化相较于古典教育方式的信息传递优势。

2. 信息质量优势

目前，"远程教育"工程正在实施，随着工程进程的加快，学生可以共享优秀教育资源以及高质量的教学信息。而我们不得不承认的是，作为古典教育方式中承担信息传导者的教师，水平也是参差不齐的，这就使得信息的接收者所能接收到的信息质量存在着差异。在高等教育信息化的今天，"远程教育"工程由最优秀的教师制作课件，基本保证了在有效的信息传递中传递更高质量的信息。

3. 信息成本优势

接受教育的权力平等是人类共同追求的目标之一，但是在社会实际当中，由于人们的现实经济实力、经济环境、经济条件的差异，有很多的青少年以及成年人难以圆自己的"大学梦"或者"继续教育梦"。而在"远程教育"工程当中，学生可以在家中利用在线网络平台接受教育，并且可以根据自己的学习习惯及兴趣比较自由地安排学习课程。"远程教育"的低成本教育运行，带来全新的教育市场，大大地满足了更多的学生，尤其是贫困学生，以及因谋生没有闲暇时间学习的成年人学习的愿望。

4. 信息交流优势

高等教育信息化更改了过去的以教师为主导的教育教学方式，形成了以学生为主体，教师为主导的双向教育体系。高等教育信息化利用信息技术实现交互型教学模式，让学生与老师在教学当中拥有更多的交流机会，更大限度地提高了教育水平，利用网络平台的交互功能增加了学生与老师的学习交流，并且学生可以通过双向视频等系统共享优秀老师的远程教授以及辅导，让学生充分利用网络的互动优势去进行学习活动。高等教育信息化以网络平台的交互系统为主的信息交流模式提高了学生的创造能力、交流能力以及想象力，有利于其成为具有创造探索能力的新型人才。

第四章 高校教育管理中的大数据应用分类

大数据在我国的高校教育管理领域的发展已经取得一些成果，高校的教育管理中有很多方面已经和大数据技术紧密结合，本章就介绍了高校教育管理中的大数据应用，在高校课程管理、学生培养模式、图书馆服务和学生管理工作四个方面分别阐述。

第一节 高校课程管理的大数据应用

"大数据"这个术语于 2008 年 9 月第一次登上英国知名期刊《自然》，如今已被世人所熟知。所谓大数据，是指通过对大量数据进行分析，从而得到有价值的商品和服务，或者具有深远的洞察，从而产生改变的力量。作为教育的主要阵地，高校承载着学生的理想、父母的期望、社会的责任与使命。高校课程设置关系到大学生的成才和社会的发展，是实现教育教学目标的关键所在。当前我国高校课程设置存在诸多问题，如忽略学生的个性化发展需求、课程内容落后于时代、课程内容不实用、课程结构死板、考核方式单一等。大数据可以挖掘数据价值、发现关联关系、预测事物发展规律，具有规模性、多样性、高速性、价值性和真实性。因此，在高校课程设置中充分利用大数据分析，充分认识到学生的个体差异，对社会的需要和发展进行正确的分析和预测，并能因"势"利导，按"需"育才，优化教学内容，提高教学科学性和合理性，提高学生综合素质，培育更多个性化人才，以"育人"为中心，促进社会的健康发展。

一、当前高校课程设置中存在的问题

高校课程设置是高校教育思想和理念的直接反映，是教育规划的核心所在，在学校实现人才培育目标中发挥着举足轻重的作用。高校课程设置有课程目标、课程结构、课程内容、课程考核等几个要素。科学、合理的课程设置，对促进学生的全面发展、实现学校育人目标、推动社会进步都是有益的。然而当前，某些高校课程设置还存在着一定的弊端，从而制约了学生、学校的发展，阻碍了社会的进步，具体体现在这几个方面。

（一）课程设置目标忽视学生个性发展需求

课程目标是课程设置时所期望的、应该达到的目标，是培养人才的风向标，是课程设置的首要环节。高校要培养具有扎实专业技能、良好综合素质、德才兼备、热爱生活、积极投身社会主义事业的现代化人才，并以此为导向设置课程目标。然而长时间以来，我国高校的课程设置大多是根据一定的教学模式设置相同的教学方法和教学内容，注重提高学生的专业知识和技术水平，而忽略了学生的个人兴趣、性格、能力等方面的差异，从而缺少对学生的个性发展进行恰当的指导与培养，同时也会使学生的学习动机、主动性、想象力、思维能力等方面受到制约，阻碍学生自由发展、不断超越自己而全面提升，对实现高校人才培养目标造成不利的影响。

（二）课程设置结构固化，不利于专业培养目标的实现

高校课程的结构，其要素主要包括各科目组成比例（专业课程与通识课程比例、必修课程与选修课程比例）、学时配比和课程进度安排等，而科学、合理的课程设置结构是培养目标实现的基础与先决条件。当前，我国大部分高校普遍存在着课程结构僵化的状况，具体表现为：一是一些高校在开设专业课程、通识课程、必修课程和选修课时，没有充分考虑到不同专业在培养目标上的不同，无论是工科或是文科，都采用相同的教学模式来开设相同课时和学分的专业课、通识课、必修课和选修课。二是在课程进度安排上，没有充分考虑到各个专业的特点，在确定的时间内要求各个专业都要完成确定的科目。由于课程

结构过于僵化，忽略了不同专业、不同学生群体之间的具体差别，从而影响到各专业教学目标的实现。

（三）课程设置内容与社会需求的匹配度较低

课程内容的根源是社会文化，如果社会文化发生变化，课程内容也随之改变。学生学习的对象正是课程内容，所以课程内容应该适应社会的发展，满足其需要，要在满足实用性的基础上顺应时代发展。长时间以来，我国大多数高校将理论知识视为重点来开设课程，实践课程很少，从而忽略了学生的动手实践能力，对于学生所获得知识的具体应用能力也带来了不利影响。除此之外，我国一些高校的课程故步自封，没有顺应时代的发展，课程内容更新换代的速度较慢，学生无法通过课程内容来及时了解、学习新成果、新观点和新技能。如果课程内容所具备的实用性和时代性较低，除了会致使学生难以满足就业市场的要求而难以融入社会之外，还会导致企业难以招聘到合适人选而使得企业难以顺利发展，社会的发展和进步在一定程度上也受到了不利影响。

课程考核涵盖范围包含了全部的课程内容，是为了检验学生对课程内容的掌握程度，及时发现学生在学习过程中的问题以及课程设置中的缺陷，以对教学方案进行调整，而实现教学目标。课程考核是检验学生学习成果的首要方式。当前我国大多数高校有平时考核和期末考核两种课程考核方式，其中平时考核以学生平时作业完成度、学生课堂表现及出勤率作为主要评价标准，而期末考核由任课老师设置考试题目，学生以笔试方式参加考试，考核方式固定单一，考核内容难度较低。正是因为期末考试考核方式和难度的特点，学生只需期末前努力学习就可通过考试，所以大量学生采取考前进行突击复习，临时抱佛脚的情况层出不穷。课程考试因此成为一种形式，无法对学生的学习态度和效果进行检验，更无法反映学生的学习能力、实践能力、创新能力。如此一来，高校无法通过考核发现学生在学习过程中的问题，也无法发现课程设置中的缺陷，通过考核信息来对课程设置进行优化就更无从谈起了。

二、利用大数据优化高校课程设置的可行性分析

我国部分高校因受到传统观念和思想的影响，在其设置课程内容时轻视了

科学性的重要性。与此同时，由于技术、设备、社会环境等各种原因，获得课程内容设置所需要的全面参考数据以及对数据进行深入分析来获取数据价值，对众多高校来说是一件难事。然而，当今已步入大数据时代，大数据技术的高速发展和大数据思维的渗透给了高校优化课程设置全新的机会。

（一）大数据为高校提供优化课程设置的参考信息

做出最优决策的一个重要先决条件就是决策者知晓与组织活动相关的全部信息。因此高校在课程设置时要尽可能获得更多的相关信息，这是使课程设置更加科学合理的重要前提。以往在设置传统课程内容时，因渠道少，高校难以收集数据，收集到的数据量也不高，其课程设置主要以国家中长期教育发展规划、国家教育法律法规、高校人才培养方案和重点大学课程设置方案为参考，有关学生本身和社会发展的相关数据难以获取，在一定程度上对高校课程设置的科学性造成了不利影响。而大数据时代的到来以及开放的互联网为高校收集数据信息带来了新契机。如今高校可以通过线上线下等多种方式及时获取学生的各种数据，包括兴趣爱好、性格能力，甚至是各行各业、各种领域的宏观、微观数据。数据来源广泛，形式和内容丰富多彩，信息实时更新，高校课程设计便以此为参考。将大数据作为高校课程设置的重要数据支撑，对于高校课程设置科学性的提高有积极影响。

维克托·迈尔·舍恩伯格在《大数据时代：生活、工作与思维的大变革》一书中指出："大数据时代最大的思维转变就是，放弃追求事物的因果关系，转而关注事物的相关关系，即人们只需知道'是什么'即可，而不用知道'为什么'。"这一思维给高校课程设置也带来了新的思考，高校因此在设置课程时除了关注课程本身及课程设置原因之外，也开始关注学生个体之间、课程学习内容与学生能力提升之间、课程与外部环境之间的关系，对学生学习兴趣和习惯进行了解和把握，对社会发展趋势进行预测，以使课程目标个性化、课程结构更具差异性与科学性、课程内容更加实用和具备时代特征。

（二）大数据促进高校课程设置技术手段的创新

高校在设置课程时，要想在复杂且巨量的众多信息中寻找到有价值的信息并以此为根据做出科学决策，利用大数据技术是最优之选。大数据对高校课程设置的技术创新推进有以下两方面的主要体现：一方面设计数据的存储与管理。高校难以使用复杂的传统关系型数据库对数据进行存储和管理，而所有结构化或非结构化的数据都可以加载到大数据分析平台信息库中，从而实现对以"千兆字节（PB）"为单位的巨量数据的存储和管理。另一方面是对数据价值的挖掘。利用大数据技术，高校可以使用界面流程式的设计平台，通过可视化分析、数据挖掘算法、预测性分析、语义引擎和数据质量管理等技术对巨量数据进行快速分析和处理，将大量的计算指标和丰富图形提供给课程设置，帮助高校做出更科学和准确的课程设置决策。

三、大数据背景下高校课程设置优化的实现路径

（一）制订个性化培养方案，实现课程目标与学生个性的深度融合

马克思指出，只有"个性充分发展，人的社会化程度提高，才能逐步实现自己的自主性、自觉性和创造性，积极发挥自身的潜能，在社会中展示自己，实现自己个性的全面发展"。因此，制订个性化的培养方案，是提升学生学习兴趣、提高学生综合能力、实现学生全面发展的主要方式。大数据背景下，高校应充分认识到大数据的重要性和价值，重视收集与学生相关的各种信息，通过数据分析掌握每个学生的个体差异，并据此制订个性化的教学方案。一方面，高校应尊重大学生的主体地位，在课程内容设置过程中更加尊重学生的意愿、更加注重学生的话语权、鼓励学生积极参与课程内容建设，正如蔡元培先生所倡导的"完全人格之教育"；另一方面，高校应积极搭建大数据平台，并通过大数据技术，对数据资源进行分析，充分挖掘数据价值，以设置更科学、更合理、更符合学生实际情况的课程内容。例如，搭建在线学习平台，随时记录学生的学习行为，利用系统后台根据不断更新的行为数据分析学生的优缺点、学习习惯、思维习惯等，并根据学生的学习情况不断调整学习内容和重点，实现个性化教育。

（二）提高课程结构的多元性，实现课程结构与专业培养目标的完美贴合

"学科是什么？它们彼此之间是如何联系的？"这是高校课程结构设置中

必然会遇到的问题。因此，应该有一个尽可能把更多知识类型纳入其中的兼容性框架体系，这个框架体系就是知识地图。知识地图将各种知识整合起来，根据使用者的层级及关联性告诉使用者知识所在的位置，为使用者提供所需的知识。大数据背景下，高校可充分利用大数据平台，构建知识地图，尽可能全面地收集各学科知识；并利用大数据技术，分析学科与学科之间、课程与课程之间的相关关系，根据每个专业、每个学生群体的实际情况进行课程安排、确定课程进度，为每个专业量身打造课程结构，以实现各专业课程结构的差异化，提高课程结构对不同专业的适应性，从而实现课程结构与专业培养目标的完美贴合，达到优化课程设置的目的。

（三）挖掘数据价值，实现课程内容与社会需求的精准契合

随着经济、技术的飞速发展，社会环境的变化和社会的矛盾也越来越复杂，为高校设置课程内容和大学生的成长成才提供了新的机遇的同时，也带来很多的困难和挑战。例如，"大学生就业困难"与"企业招聘困难"之间的矛盾。要想在大数据的背景下解决大学生和企业的供求矛盾，可以从两个方面入手：一方面是要顺应时代潮流，积极搜集有关社会变化发展的信息，包括各个行业、地区甚至是全世界的资料数据，结合政策法规、规章制度、社会文化、经济发展、生态环境等多种信息，运用大数据分析技术对收集来的信息进行深度挖掘，对市场需求进行分析，预测未来发展趋势，并对相应的人员数量、结构、素质构成、能力要求等进行了仿真模拟，适时更新课程内容，以培养相应的专业人才，加强教学内容的时代性特征，建立企业"按需取才"与学生"对口择业"之间良性的互动关系。例如，国外高校针对目前市场需要和未来发展趋势，开设了大数据方面的学位和课程，清华大学也相继推出了大数据方面的专业知识，并开始实施大数据方面的教育。另一方面是建立大学生专业能力大数据平台，对大学生的专业能力数据和企业的人才需要数据进行信息收集。通过对学生和企业的双向收集与分析，可以发现市场需要和学生的专业能力之间的差距，适时地进行课程内容的调整，并对学生进行动态的技能培训，以提高课程内容的实践性，使其与企业的人才需要相匹配。

（四）完善课程考核方式，实现考核结论与学生实际能力的高度吻合

完善的课程考核体系能够帮助高校有效地执行培养计划，实现培养目标。大数据背景下，完善高校课程考核体系可从以下两个方面着手：一是转变考核形式，从"静态考核"走向"动态考核"。高校可充分利用大数据、云计算等前沿技术，更新、完善教务系统，拓展学生学习的时间和空间，对学生的学习数据，如学习次数、学习时长、作业完成时长、正确率等进行全面、实时、连续的记录，通过数据分析掌握学生的学习态度、学习习惯、学习能力、知识掌握程度等，综合各种指标对学生进行更加全面、更加准确的考核；而不再单纯地以上课是否迟到、是否缺勤、是否积极回答问题、是否按时完成作业为衡量指标，也不再单纯地以"30%的平时成绩+70%的期末成绩=本门课程的综合成绩"为固定的考核方式。

二是增加考核主体，从单一主体考核走向多元主体考核。现阶段的考核评价多以任课教师为主，无法全面参考课程各参与方的意见。大数据背景下，对学生的考核方式可参考"360度考核法"，通过收集分析学生本人、其他同学、任课老师及第三方机构对学生的思想素质、理论知识、综合能力等的评价，利用大数据技术进行统计分析，对学生进行全面考核，得到更客观、更全面、更准确的考核结论。通过完善的考核体系，分析学生的实际能力，从而发现课程设置中存在的缺陷与不足，并及时纠偏、及时控制，达到优化课程设置的目的。

第二节　高校学生培养模式的大数据应用

一、大数据应用下高校学生培养模式的相关研究

目前，对大学生教育和管理平台的研究，包括对学生将来表现的预测、各类学生管理系统的设计，以及学生管理系统在大数据方面的优化等三个方面的研究。

在对学生的成绩进行预测时，依据传统的研究框架，大部分的资料都是从

问卷和自我报告中获得的，样本数量很少，且有可能被社会预期偏见所左右。在此基础上，采用个性化开放环境与因数分解的方法，建立一套基于推荐体系的课程分级辅导机制，以减少学生不及格的可能性。有些学者把学习分析法应用于混合式学习前期的成绩预测和学生表现预测上，结果表明，将传统的教学和网络教学相结合，能提高学生的预期成绩。专家们对大学生的校园生活进行了大量的实证研究，并以此为依据，建立了大学生的学习行为模式与学业成绩、学术表现之间的关系模型。当前对学生表现的预测还没有从全局的角度来进行，而多是从课堂教学、学生生活轨迹等具体的角度来考量的。虽然在科研中已经引入大量的大数据，但是由于没有充分利用大数据的多样性，数据源单一，无法将各种数据源进行集成整合。

对于学生管理系统设计，目前的研究大多停留在程序层面，侧重于满足辅导员、学生工作处、教务处等特定利益相关方的实用需求。目前的计算机软件设计与算法的应用研究主要是针对特定系统的设计与优化，并没有将整个系统集成整合起来，没有从全局整体的角度来考虑程序设计和范式设计。

新媒体、智慧教育、大数据等领域的研究，也是众多教育工作者关注的问题。作为网络媒体的重要媒介，微信和微博已经成为新媒体时代下的研究热点。赵雅兰对微信加强学生管理工作效果的行为路径进行了探讨，结果表明，微信对学生的管理工作效果的提升有很大的促进作用。根据大数据采集、分析平台，查大元等开发了更适合大学生实际需要的应用程序。而智慧教育的实践，更多的是围绕着网络在线教学进行探讨。比如，智慧教育平台、数字身份互联互通平台等，都在努力做到教学中五个阶段的全程跟踪。目前，以大数据为基础的高校学生管理系统的研究主要集中在对人才培养目标的设计上。许慧珍利用大数据对人才市场的需求差异进行了分析，并针对差异化人才培养目标进行了方案设计，有利于人才市场需求得以满足。陈凤以大数据为基础，探讨了可视化工具在不同学生管理中的作用。从上述的研究和探讨可以看出，教育大数据在高校与学术界的应用中得到了越来越多的关注，并且得到了很好的应用。但是，当前关于教育大数据的研究大多集中在特定类型数据上，并没有整合、协调处理各种数据。

二、现有系统分析

目前，我国高校多采用各类不同的系统对学生进行管理，各系统的归属端口不同，数据共享程度低，常常出现重复录入数据或数据缺失的情况。下面将简单梳理高校可能使用的学生管理系统：

（一）教务系统

教务系统主要承担着与教学课程相关的学生管理工作，包含学生所处专业、年级、班级等基本信息，以及学生选课、学生课程表及期末课程成绩信息，具有毕业答辩申请、奖助学金申请等功能。其中，奖助学金申请在学年之初最易受到大学生的关注，特别是贫困生人群。奖学金有明确的成绩要求，依据的是年度成绩排名，通常不会引起争议，但贫困生的数据收集往往是不充分的。学生仅需提供生源所在地的贫困证明和说明材料，由于各地对贫困证明的要求不统一、对说明材料的真实性难以判断等，材料无法真实有效地反映学生的实际情况。单纯依靠教务系统提供的信息可能导致不公平情况的出现。

（二）学生工作系统

学生工作系统是主要为学生服务的，方便学生日常学习和生活的系统。它的功能有很多，像收集学生基本信息：请假、外宿申请，等等。在学生工作系统的使用过程中，常常由于现实的实际情况，一些功能不能得到很好的利用。比如，不同专业、不同年级的大学生的学习课程比较分散，请假理由往往也毫不相同，根本无法统一，或者有一些教师对此考勤不严，等等。因此，相比起其他功能，学生工作系统的请假申请的功能使用的效率比较低。

（三）一卡通系统

在学校很多地方都需要用到卡，但是各种卡聚集在一起就会比较乱，也不方便携带。因此，学校开发出一卡通系统，无论是吃饭、打水、洗澡、借书都只需要一张卡就可以通用。实际上，一卡通还是一个手机动态信息流的系统。通过一卡通对学生不同时间段的行为模式，可以分析出学生在校园中生活的行为模式。目前，主要是后勤部门在负责一卡通系统的管理与数据收集工作，学校还是将其作为校园生活的辅助用品，对于收集到的信息并未引起足够的重视。

（四）招生就业系统

相比其他日常使用的系统，招生就业系统的使用周期比较短，仅仅在最后一学年它才会得到集中地使用。一般情况下，招生就业系统由招生就业处管理，其主要功能是收集学生的生源信息以及就业信息。通过收集来的信息，学校可以改良培养目标和培养方案，还可以为人才培养效果的评估做出数据支持。学生要通过招生就业系统确认自己的就业相关信息以及档案的归属地点。

（五）考勤系统

考勤系统，顾名思义，就是辅助教师课堂上的考勤和宿舍中的查寝。目前，很多学校都采用了考勤系统。考勤系统采用的技术主要分为两类，一类是打卡，另一类是人像识别，这两种方法各有其优缺点。打卡机的优点是便于普及推广，设备的成本也比较低，学生现有的学生证或者一卡通就可以进行打卡；缺点是一卡通不够智能，会出现一人多次打卡的行为。与打卡机相比，人像识别系统比较智能，识别准确度也比较高，能够有效避免多次考勤行为的出现，但是它的缺点也是不容忽视的，它的设备成本相对比较高，由于目前技术尚不稳定，在打卡考勤时并不十分可靠，而且识别速度比较慢，难以实现考勤高峰期时的识别要求。主动或被动收集到的学生信息是各系统的数据基础。作为基层学生工作者，如辅导员，有查询和操作学生教务系统、学生工作系统和招生就业系统的权限，但无法接触到学生一卡通系统的数据，只能获得少量学生图书馆使用情况的数据。家长作为学生培养过程中重要的利益相关者，没有与整个系统建立紧密的联系，仅能获得来自辅导员的必要反馈信息（延期毕业、不及格过多、缺勤严重等）和来自子女的信息。用人单位作为另一利益相关者，能够获得的学生在校情况主要来自学生提供的简历和三方协议等与招生就业处的互保机制。用人单位无法真正在选人过程中了解学生的各种能力或其他个性特征。高校各部门间并没有形成有效的数据分享机制，各部门有自己的数据库，按照自己收集的数据进行决策。不仅决策数据不充分，还会导致学校层面的决策冲突、信息不闭合的情况。

总之，现有的学生管理系统面临四个方面的问题。一是信息重复录入。教务系统、学生工作系统、招生就业系统等都需要学生录入个人基本信息，导致信息的重复收集，不仅造成学生的使用不便还会产生大量冗余数据。二是信息孤岛。考勤系统、一卡通系统与教务系统或学生工作系统间缺少信息共享。现有的数据分析都是针对特定系统，造成许多规定流于形式。比如，通常学校规定每学期缺勤次数超过阈值，该生该课程成绩就为不及格。但实际上，教务系统并未提示教师由于缺勤较多无法录入成绩的情况。三是数据格式不统一。这增加了数据收集、筛选的难度，阻碍了数据整合分析。四是考核周期过长，对学生的管理和危机处置属于事后管理。现有系统的反馈周期少则一学期多则一学年甚至更长时间，辅导员、学生、家长获得反馈的时候已经难以改变事实，只能在之后若干学期分阶段弥补，如学生因跟不上进度，一学期出现多门课不及格，学生只能在下一学期的开学时间参加补考，并在之后学期中继续重修课程，以修满学分。事后反馈和管理是一种滞后的表现，会对学生之后的学习和生活产生比较严重的影响。

三、大数据学生管理系统的模型构建

学生管理系统可以输出学生在校期间的信息，只有能够将学生的各种数据流进行分析归类的学生管理系统才是一个有效的学生管理系统。根据生命周期理论，可以将大学生涯划分为四部分，即萌芽期、发展期、成熟期和消散期。这四个时期与大学的学年间隔基本上是一致的，在不同的发展阶段，学生输出的是不同的信息。

在这个生命周期内，数据流一般可以分为三类，即按时点流向学生的数据、按时点学生产出的数据和全周期的学生数据流。在不同的阶段，按时点流向学生的数据是不同的，这些数据也表现出不同的特征。在萌芽期，学生接收到的是专业设置、基础课程安排以及心理健康辅导等信息，帮助学生更好地适应大学生活；在发展期和成熟期，学生接收到的信息基本相同，主要是有关课程安排、实践活动安排等；在消散期，少部分学生还在上课，大部分学生已经开始准备实习相关的工作，还有一部分学生在备考，准备冲击更高学府，这时学生输入的信息大多都是毕业指导、就业指导等，以帮助学生更好地完成从毕业到就业的衔接。按时点流出的数据一般在期末产生，在萌芽期、发展期和成熟期的输出数据的信息是一致的，主要是对于前期的反馈结果，在消散期输出数据的主要信息是学生是否能够毕业以及其毕业后的流向。这些流入流出的数据信息是管理学生的主要依据，从数据流入到结果产出常常花费很长的周期，而且在这个周期内，反馈很少。通过引入大数据对这些流数据进行分析，可以获得三条在整个周期内贯穿始终的信息流。即校园生活数据、社会活动数据与流媒体数据。将这三条数据与学业数据相互结合，能够更加全面地刻画学生的能力和特点，为他们提供更加合适的个性化培养方案，同时在消散期为学生提供更加适合他们的职业建议，等等。在学生培养过程中，既会产生结果数据，也会产生过程数据。

有效的学生管理系统应该是全过程管理的系统，不仅有事后的处置，更重要的是有事前干预与事中控制，以降低不良结果产生的概率。大数据技术的产生和应用为大学生培养的过程控制提供了可能性。可以将现有系统整合成为新的学生管理系统：基础数据收集分析系统、学术表现管理系统、奖助学金评选系统、日常表现反馈系统。

（一）基础数据收集分析系统

基础数据收集分析系统主要功能就是收集学生的各种信息，像学生的姓名、班级、学号、家庭状况，等等。这些数据信息对各个系统开放，在收集数据信息之后将这些数据信息传送到所需要的其他系统中。基础数据收集分析系统可以实现数据的一次性收集和更新，同时还允许学生对信息进行更新，它还能够判断收集信息的真实性。

（二）学术表现管理系统

该系统是大学生培养过程管理的重要组成部分，需要对一卡通数据、考勤数据和教务系统数据进行协同分析。通过对一卡通数据的分析能够了解学生的学习、生活行为模式，结合课堂考勤情况和期末课程成绩的分析，可以得到学生在校行为模式与学术表现的预测模型。运用预测模型分析学生的一卡通使用状况和考勤状况能够较为准确地预测学生的未来表现。当学生旷课频率接近阈值或者生活模式偏离正态分布时，该系统会向辅导员发出预警，使辅导员能够及时与学生和家长沟通，了解学生近期学习、生活的困惑，帮助学生改善学习状态、降低"挂科"率。

通过使用这个系统,将线上教学与教师的课堂教学相结合,有利于学生更好地进行学习,同时有利于教师对教学过程进行监督。通过运用移动互联网,在课前学生可以通过在线教育完成课程的预习工作,还可以上网查询解决一些不理解的问题,完成教师课前预留的思考题;在线教育平台也可以获取到学生的一些信息,其中包括个人信息以及学习信息,通过对学生的学习时间、学习频率、快进时间段等信息进行记录并分析,可以了解学生的学习状况。这些经过准确分析之后的结论被传送到教师那里,他们就可以更加了解学生的学习情况,能够了解不同学生学习的特点,同时也有助于他们改善自己的授课方式以及授课内容,因材施教,对于不同的学生实现个性化教学。多样化的课堂教学方式有助于提高学生的学习积极性。在课堂上的环节包括讲课和随堂测验,对学生进行随堂测验,可以随时对学生的知识掌握情况进行了解,判断学生的学习状况是否能够正常跟上,有助于教师明确认知,判断自己的课程设计是否合理,改进教学方式。课后一般有两个内容,即对学生留作业和进行课后指导,帮助学生加深印象,增进理解。

(三)奖助学金评选系统

在大学阶段,学生是有奖学金和助学金的。其中奖学金主要是根据学生的学习情况进行评选,而助学金主要是根据学生的家庭情况以及一卡通消费数据等进行评选。对学生来说,这个评选的结果可以看作是阶段性反馈的重要指标。学生的奖助学金评选系统,要体现公平性的原则。要针对学生的考勤数据、生活行为数据以及各类活动参加数据等来评选出最适合的学生。另外,这个系统还能够帮助学生全面发展自己,实现全面培养的目标。根据不同的培养目标以及人才特征,在考核指标中加入有关的关键指标,通过对不同学生的志愿者活动情况、获奖情况等全方面进行分析,对学生进行个性化培养。

(四)日常表现反馈系统

该系统建立在对动态数据流的分析上。首先通过对收集到的一卡通数据分析,形成一个学生校园生活模式的模型,包含合理的用餐时间、进出图书馆的频率等。实际运行过程中,除了一卡通的动态数据流,还需加入学生考勤的数据流，分析学生缺勤与异常生活行为的关系。可能出现三种情况：第一种，学生只是作息规律或不在学校生活但按时上下课；第二种，学生作息规律或不在学校生活且上课缺勤；第三种，学生作息正常但上课缺勤。系统将此异常结果反馈给辅导员或者家长，并结合该生已有的成绩表现和相关教师、其他学生对其的评价、校园网络使用情况等，可以判断该生是突然发生的行为转变还是持续的行为偏离。及时将信息反馈给学生、家长和辅导员，可以帮助学生修正不良行为。

基础信息收集分析系统是培养、管理学生的基础，其主要职能是信息收集。学术表现管理系统是过程管理的重要环节，是缩短反馈周期的关键步骤。奖助学金评选系统一方面是对学生学术行为表现的正反馈，另一方面也是促进学生全面发展的途径。直接的外部动机可以促使学生更加主动地参加专业竞赛、双创活动等，全面提高自己的能力。日常表现反馈系统则大大缩短了异常信息的反馈周期，便于及时有效地干预学生异常行为。

四、高校学生培养模式的对策及建议

（一）多元化学生数据类型

现阶段的学生在校数据由不同的部门按各自需求分别收集，样本数量相对较少，数据收集周期相对较长，如课程成绩数据按学期产生，奖助学金评选数据按年产生，数据收集周期长，反馈慢。数据类型多以表格的形式出现，没有收集音频、视频和图像、在线数据等，使得数据间相互印证效果差。例如，在混合教学模式下，评估教学效果时无法确认学生成绩与传统课堂讲授间的相关关系。基于现有公共空间的监控设备，运用人像识别技术，能更好地分析学生课堂行为模式与其学术表现的关系。

（二）外包系统设计

目前高校主要采取自行设计系统或者定制系统的方式设计系统，各部门自行决策，部门间协调性差。大数据平台的设计需要各部门提供可互通信息的系统。依靠部门或者教师自行设计难度高、工期长，将系统设计外包给专业的大数据平台设计公司能够在实现定制化的基础上缩短工期，有助于平台改革的实施。

（三）开发学生表现预测系统

现有系统提供的基本是事后数据，而拥有大数据便意味着获得持续的、更具时效性的数据流。这样的数据流有助于形成动态的预测模型，通过对学生校园生活、课堂表现、成绩等数据的分析，预测学生短期和长期的在校表现情况，并可以通过更为全面的信息分析确定不同学生的能力分布情况，有助于帮助学生更好地进行职业生涯规划和设定进一步发展方向。这一系统成熟之后不仅可以用于高校人才培养管理过程，还可以采取有偿服务的形式提供给有需求的学生家长或用人单位等。

第三节 高校图书馆服务的大数据应用

在高校内，图书馆是一个很重要的地方，它是高校智能实现的重要保障。随着科学技术的发展，图书馆的服务水平得到了提高，其服务内容与服务形式也变得多样化，从文献信息服务到信息服务，再到个性化知识服务，功能多样，多姿多彩。然而，目前图书馆内有大量的馆藏资源还没有得到充分的挖掘，这是一个巨大的损失。图书馆内还存在着一些不足之处，即服务内容知识性和个性化不足，服务形式也缺乏主动性，等等。当今是大数据时代，它为高校图书馆推进主动性服务和个性化服务提供了可靠的技术储备。

一、相关概念

（一）知识服务模式

对于某一事物的标准形式或者是对某一方法的抽象概括都可以称之为模式。对于解决某一类问题的系统性方法也可以称之为模式。给用户提供知识性服务的某些手段方法就叫作知识服务模式。在知识服务模式中，有很多要素，这些要素之间是相互关联的。到目前为止，个性化定制推荐服务、知识库服务以及数字化参考咨询服务等都是比较常见的知识服务模式。

（二）高校图书馆知识服务模式

与普通科研机构相比，高校图书馆具有更加复杂的功能。它不仅能够辅助学生和教师进行科研，同时还可以辅助教学，指导学生进行学习。在实现知识服务模式的过程中，高校图书馆在实现其他功能的时候，往往忘记了其辅助教学的功能。因此，要实现这个功能，高校图书馆就需要了解学生的需求，根据学生的需求提出具体的参考意见，指导学生学习，有针对性地给予知识服务，体现自己的价值。

二、高校图书馆开展知识服务的必要性

在新的历史时期，知识服务已经成为一个新的潮流。对高校图书馆来说，也是一个必须要具备的核心能力。在互联网技术并未充分发展之前，图书馆主要作为文献存储地，其主要功能是进行文献服务。后来，随着信息技术的不断发展，高校图书馆的文献服务功能逐渐被网络检索取代，它的文献服务的价值与地位正不断地降低。在这种背景下，图书馆的传统服务模式受到了挑战，不得不寻找新的机会。随着信息技术的发展，图书馆的文献服务也在逐渐自动化，信息化程度逐渐加深。尽管图书馆内有海量的文献资料，但是由于其标引方式和信息组织等无法将这些资源互相联系起来，知识无法产生联系，这不仅增加了用户查找整理的时间成本，同时还致使那些文献资源无法得到有效的利用。因此，图书馆必须向着知识组织和知识服务方向转变。在当今学科分支众多且高度交叉的科研背景下，对那些信息用户来说，他们的信息需求也发生了改变，变得更加复杂。对传统信息服务来说，这种多学科交叉的信息需求是比较难得到满足的，因此，图书馆就需要进行职能转变，从传统信息服务转向面向知识内容和注重知识联系的知识服务，满足信息用户的需求转变，同时满足当前馆藏知识组织的迫切要求。

三、大数据环境对高校图书馆知识服务模式的变革

（一）高校图书馆所面临的大数据环境

高校图书馆拥有十分丰富的馆藏资源，其类型也十分丰富。由于它地处高校之内，其用户主要为教师、学生以及部分外部委托用户，用户数量繁多，而且呈现出知识化、年轻化的特点。这些用户对于图书馆内的知识服务要求较高，用户需求也比较多元化。由于信息技术的不断发展，尤其是移动互联网的出现，用户可以通过手机或者其他移动设备访问图书馆内的网上服务。在这个过程中，图书馆的系统可以获得大量的用户行为信息，有助于它了解用户需求，并做出改进。总体来说，高校图书馆具备大量的馆藏资源与用户行为信息，这些资源与信息共同构成了图书馆的大数据环境，它满足大数据的三个特征，即数据类型繁多、数据规模大、对数据处理和分析的速度要求高。

1. 海量且类型丰富多样的馆藏资源

在图书馆内，不仅有纸质文献，还有电子图书、声像微缩资料等。近年来，随着数字化和数字图书馆逐渐出现在人们眼前，馆藏数字资源的增长速度逐渐加快，目前已经超过印刷馆藏资源。

高校图书馆内不仅馆藏量巨大，其资源类型也十分丰富，其中包括电子资源与印刷资源。电子资源主要包括特色资源库、电子图书、音频视频，等等。印刷文献主要包括报纸、期刊、图书、会议论文、古籍文献，等等。在大数据背景下，各种电子资源不断扩增，数据信息不断增长，这为高校图书馆的知识服务带来了一定的挑战。

2. 多元化的用户需求

高校图书馆的用户量十分庞大，而且相比公众图书馆，高校图书馆的用户群体更加固定化。在当前大数据环境下，用户需求的多样性和动态性给高校图书馆的知识服务模式带来了一定的困难。

随着网络信息技术的飞速发展，图书馆内的电子馆藏文献以及多媒体资源逐渐增多，图书馆用户也对此提出了更高的要求。他们的需求越来越多元化，

对于信息的获取更加迫切。其中，用户的多元化需求主要体现在三个方面，即用户多元化、资源需求多元化和服务需求多元化。简单来说，用户多元化就是指用户的类型不同，虽然其主要的用户是校内的教师、本科生、研究生等，但是用户的类型并不仅仅包括这些，还包括一些企事业单位的科研人员，以及短期培训的学员，等等。由于这些用户的类型十分多种多样，其需求也各有不同，尽管是同一种类型的用户，其需求也是不完全相同的。资源需求多元化是图书馆要为用户提供更加形式多样、内容丰富的资源，像图书、期刊、电子书资源、多媒体资源，等等。服务需求多元化是指对于图书馆的服务内容与服务方式提出了更高的要求。当今是大数据时代，信息技术飞速发展，图书馆内传统的服务已经不能满足用户的需求，用户需要更加精细化的具有针对性的服务，他们不仅仅对于图书馆的文献查询内容与速度有要求，还要求全天候、零距离的知识服务。在用户学习或者研究的过程中，图书馆要做到嵌入式服务，帮助用户筛选出最需要的馆藏资源，同时提供与之有关的资源。为了满足用户的研究需求，甚至还要为用户提供科学数据服务，在用户的研究过程中，帮助用户有效管理大数据，提升其数据处理能力。

3. 海量的用户信息行为

信息技术的发展以及互联网的普及为人们检索信息提供了便利，越来越多的用户开始通过互联网检索浏览信息，而且用户的年龄逐渐呈现出年轻化的趋势，近些年来，高校图书馆的馆藏资源也在不断地完善，不仅有各种纸质图书文献，还包含各种数字化资源。由于图书馆馆藏资源的丰富与获取资源的便利，高校图书馆网络逐渐受到一大批用户的青睐。他们利用高校图书馆获取资源和信息，在这个过程中，用户也会产生海量的行为信息，如点击信息、浏览信息、借阅信息、访问时间等。图书馆平台捕捉到这些行为信息并加以分析利用，可以得到不同用户的行为特点以及用户各个行为之间的关联性，理解用户的偏好，从而更好地理解用户，为用户提供服务。

（二）大数据环境对高校图书馆的变革

1. 服务理念

在信息技术飞速发展的大数据环境下，与以前传统社会相比，高校图书馆面临着更加严峻的挑战。要跟上时代的脚步，就需要不断发展变革。因此，高校图书馆在对用户的服务理念方面发生了较大的变革，其主要包括下面三个部分。

（1）高校图书馆的核心重点发生了转变，由以前以资源建设为核心，转变至以用户读者为核心。目前，很多高校图书馆仍然过分强调馆藏资源的全面丰富，重点关注其资源建设，而并未重视其用户读者的体验。近年来，随着信息技术的不断发展，有一些高校建立了网络自助服务平台，借助这个平台用户可以随时随地查询资源，十分方便。但是由于高校图书馆的馆藏资源十分庞大，类型丰富，令人眼花缭乱，利用网络自助平台查找资源会花费用户太多的时间，一时间难以为继。大数据的引入有助于改善目前这种状况，图书馆自助服务平台的目标是在内容层面分析馆藏资源并将之整合构建成为一个馆藏资源知识网络，当获得用户的行为信息时对其进行分析，了解用户的信息需求，然后反馈给用户有针对性的信息，并进行个性化定制服务，真正做到以用户为核心。

（2）提高高校图书馆的服务质量与效率。在大数据环境下，高校图书馆也只有不断地发展创新，才能够增强自身的竞争力，不至于被社会淘汰。传统的高校图书馆提供的服务较为简单，它仅仅是作为资源的储藏地而存在，比较缺乏竞争力。随着大数据技术的逐渐成熟，大数据服务也逐渐发展起来。用户在进行学习科研时，需要获得更好的服务，因此，大数据服务逐渐成为一个新的高新服务产业。高校图书馆必须要顺应社会的要求，将大数据服务融入图书馆服务之中，才能够增强自身的竞争力，吸引更多的用户。

（3）转变用户的身份，用户既是服务对象也是服务提供者。在大数据环境下，要深挖隐性知识，用户不仅是服务对象也是服务的提供者，他们是隐性知识的载体。要重视用户的服务主体的功能，使用大数据技术分析用户的信息行为，识别出用户的知识组成与知识结构，帮助用户的互相匹配，有助于解决问题。

在高校图书馆内使用大数据技术，有利于形成更加个性化的、有针对性的知识服务，同时也有助于图书馆转变服务的理念。从三个方面对图书馆的服务理念进行变革，由以前的以资源建设为核心，转变为现在的以用户读者为核心；

·103·

由简单的资源查询服务,转变为现在的高质量高效率的知识性服务;由单纯向用户提供服务,转变为服务的提供者。

2.组织机构和人员配置

在高校图书馆内,有许多业务部门,这些业务部门共同维持着图书馆内各种服务的正常运行。其中,主要的业务部门有采编部、信息咨询部、情报部等。然而,尽管处于同一图书馆,这些业务部门之间并没有很深的交流,而是各自比较独立。在大数据环境下,这种各自为政的工作方式是行不通的。依据用户对图书馆高质量高效率的知识性服务的要求,高校图书馆内的业务工作人员必须要相互配合,加强交流。因此,高校图书馆内的业务部门必须要进行重组,通过专业职责的划分,加强相互之间的联系,各个部门之间互相交流合作,共同完成知识性服务的要求。具体来说,在大数据环境下,高校图书馆要转变核心的部门机构,由之前传统的以馆藏部门为核心,转变为现在的以大数据技术支持部门为核心,这个组织机构的主要内容就是为用户提供知识服务,选择数据技术支持部门作为核心部门,主要原因有两个,一是数据支持部门是基础设施和资源建设服务的对象,二是数据支持部门是其他部门进行决策和服务的支撑。要实现知识服务,就离不开大数据技术的支持。只有在大数据技术支持下,才能够提供给用户更加符合用户需求的、更加准确的服务。

随着信息技术的发展,用户对于图书馆的知识服务的要求也越来越高。要提高图书馆知识服务的水平和质量,就需要更好地利用用户资源与大数据技术,而这就对图书馆馆员提出了更高的要求。他们不能仅仅依靠之前传统的知识技能,还要学习大数据技术的相关知识和技术手段,以便能够更好地运用大数据技术,达到用户所需的要求目标。在高校图书馆内,人员配置主要包括两种,一种是业务馆员,一种是研究型馆员。在当今大数据时代,高校图书馆内缺乏高水平的专业技术人员以及大数据相关人才,由于技术与人才的缺乏,高校图书馆内很多优秀研究成果难以实现真正的利用,导致资源浪费。如果将大数据技术应用于知识服务之中,那么就有利于高校图书馆内大数据技术人才和分析人才的招聘。在高校图书馆内,要成立相应的大数据技术支持部门,还要有一定的资金倾斜,这样才有助于大数据技术部门的扩大,提高人才的积极性。

3. 资源建设

高校图书馆内的馆藏资源十分丰富，其图书资源甚至达到上百万册，类型十分多样化。随着信息技术的发展，近些年来，数字图书馆也已经逐步成型，形成了一个多样化的馆藏资源体系，其中有数字电子资源、文献信息资源以及多媒体资源等。尽管相对之前比较单一的文献资源来说，目前高校图书馆的资源建设已经大大提高，但是仍然存在着一些问题：（1）对已有的馆藏资源来说，高校图书馆并没有给予足够的关注，没有充分实现资源的有效利用；（2）高校图书馆内的馆藏资源较为分散，未形成一个比较完整的知识网络，缺乏知识之间的深度互联，在师生进行资源查找与利用之时较为困难；（3）各个高校图书馆之间各自为战，相互的馆藏资源之间缺乏共享，降低了馆藏资源的利用率。

要实现高质量高效率的知识服务，高校图书馆的首要任务就是构建资源的知识网络。通过运用大数据技术，对图书馆内的资源进行有效管理和整理，构建一个资源知识网络，然后帮助用户更加有效地发现和利用资源，获取自己所需的知识。通过运用大数据知识还可以获取到用户的行为信息，根据用户的行为信息对用户进行全面而细致的分析，能够更加清楚地了解用户的信息需求，有助于高校图书馆资源采购的准确性，避免了资源的浪费。大数据技术和服务的工程量和实施难度比较大，对不同高校图书馆来说，互相合作交流有助于资源的共享，提高了资源的利用率。另外，馆藏资源之间利用大数据技术还可以实现多重知识关联，使得分散的资源之间更加整合。

（三）大数据环境对高校图书馆服务方式的变革

随着信息技术的发展，高校图书馆紧跟时代的脚步，实行了很多变革性措施。通过利用信息技术，高校图书馆推出了很多服务，像专题知识库服务、随时随地查阅服务、相关推荐性服务等。目前高校图书馆提供的服务可以划分为三大类，即咨询及查询服务、资源借阅服务、教学辅导服务。其中咨询及查询服务，主要是指师生对于一些问题的查询，包括科技查询、论文收录引用检索服务等；资源借阅服务，主要是指师生对于馆藏信息资源的借阅，其中包括馆际互借、自主借阅等；教学辅导服务，包括教学培训课程、国际论文分析等。

在这三类服务模式当中，教学辅导服务最少。从服务内容上来看，目前高校图书馆仍然以信息服务为主，比较缺乏针对性；从服务方式上来看，目前高校图书馆仍然主要是被动服务。

要想使高校图书馆的服务更加具有针对性和主动性，就必须要将大数据技术引入高校图书馆的知识服务之中。利用大数据技术，能够快速地对图书馆内的海量信息进行分析和处理，从而找到数据间的关联性，建立一个庞大的图书馆知识信息资源体系。

1. 服务方式从被动到主动

在高校图书馆内，传统的服务方式主要是被动地接收用户的需求，然后为之提供服务。到目前为止，这种被动的服务方式已经实行很多年，但是随着信息技术的发展以及大数据时代的来临，这种被动的服务方式已经满足不了用户日渐增长的需求。它无法及时捕捉到用户的信息需求，不利于发挥高校图书馆的价值。因此，这种滞后性的服务需要进行改革，才能满足用户的需求。大数据技术的发展为高校图书馆服务的改革提供了一个机遇，高校图书馆可以通过大数据技术收集用户的行为信息，如点击、借阅、收藏、评价等，然后通过对这些行为信息进行分析，可以获得用户的兴趣偏好，从而能够更加有针对性地为用户提供个性化服务，提高了图书馆内资源的利用率，同时也提高了高校图书馆的价值。

2. 服务方式智能化

在高校图书馆的知识服务中引入大数据技术，还能够使其服务更加智能化。高校服务方式的智能化主要体现在这几个方面。（1）利用大数据技术，高校图书馆能够获取用户的行为信息，通过对这些行为信息进行分析，图书馆能够更加清晰地了解用户的需求和偏好，从而更加有针对性地向用户推送个性化服务信息，也有利于匹配图书馆馆藏资源的采购工作，避免馆藏资源的浪费。（2）大数据技术通过对用户的行为信息进行分析，可以收集到一些频率比较高的用户咨询，然后将一些常见问题设置智能自动回复，减轻工作人员的压力，为用户提供更加便捷而迅速的服务。（3）通过运用大数据技术和机器学习等技术，可以将馆藏资源进行整理分析，使之成为一个系统的知识网络，使服务的内容更加知识化和网络化，有利于用户对于知识信息的了解。

3.服务方式个性化

目前，随着大数据时代的到来，高校图书馆也推出了一些针对用户的个性化服务。其中主要包括两个方面，即推荐服务和个性化定制服务。其中个性化定制服务主要为用户推送相关的专题信息，但是推送的信息并不规范，过于散乱，甚至有时推送给不同的人相同的专题信息，并没有实现个性化定制。推荐服务主要为热门推荐、相关推荐、电子资源、购买链接，等等。高校图书馆要实现服务方式的个性化，就必须要了解用户的个性化需求。用户的个性化需求大致主要可分为三类，即服务时空的个性化、服务方式的个性化、服务内容的个性化。第一，服务时空的个性化，用户要不受时间与空间的限制，随时随地查阅信息资源。第二，服务方式的个性化，对于服务的过程，用户也是有要求的，他们要求得到能够根据自身信息需求和喜好定制化的服务。第三，服务内容的个性化，当用户的行为发生变化时，推送给用户的信息也要进行动态调整，以满足用户在不同时期的需求。

大数据技术的加入，使得高校图书馆的服务发生了很大的变革。目前高校图书馆的知识服务越来越具有针对性，这与大数据技术的支持是分不开的。通过运用大数据支持，图书馆能够为用户提供个性化的服务，将一些信息经过加工整合之后提供给用户。图书馆数据平台获得用户行为信息之后，通过利用大数据技术对它进行分析，从而将用户按照其特点分为几类，提供一个平台，促进用户之间的交流互动，使用户从服务的接收者转向服务的提供者，有利于信息的流动与资源的共享。利用大数据技术对用户信息行为进行分析之后，还可以对用户需求的服务过程进行预测。

第四节　高校学生管理工作的大数据应用

一、高校录取机制中大数据的应用

（一）目前高校录取机制存在的问题

1. 录取形式单一

随着社会的发展，我国已走向大众化教育的阶段，但当前我国高校对人才的选拔仍然采用考试的方式，录取形式单一，考试的分数作为衡量学生的单一指标，评价指标过于简单，存在"一刀切"的现象。普通院校仍然以分数作为录取的衡量标准，我国应慢慢探索多元的录取机制，这也是顺应社会发展的需求。

2. 忽视学生全面发展

当前我国高校录取机制中的问题突出，录取制度不够完善。素质教育要求促进学生的全面发展，高校录取机制却以学生的分数作为衡量的标准，忽视学生的全面发展。素质教育不仅要求学生身体能够健康成长，而且要求其心理能够健康发展。当前我国高校的录取机制只从分数上来判断学生智力发展状况，片面地以分数作为录取学生的唯一指标，在一定程度上阻碍了学生的个性发展。

3. 信息制度的缺失

信息制度包含两个维度。从学生维度分析，学生获取学校信息的渠道较少，仅能通过学校的官方网站了解该校的教育资源和师资力量，信息公开制度的不完善导致学生无法准确地获取更多有效和准确的信息，在择校方面陷入了困境。从学校维度分析，我国目前对学生的选拔只能依靠分数这一单一指标，高校没有更多的途径获得关于学生的各个方面的信息。归根到底是我国缺乏高校录取系统化数据库，对学生的综合素质的考量和判断缺乏数据的支撑，不能形成整体性的考核指标体系。

4. 缺乏系统多元的评价体系

到目前为止，学校的评价体系仍然比较单一，主要还是根据分数进行评价，而且是依据高考那一次分数来进行评判，这给学生带来了不小的心理压力。目前，我国仍然存在着一些发展相对落后的地区，东西部地区经济发展不平衡，一些农村地区等信息化发展不完善，缺乏一个多元化的衡量学生的价值观、思维模式的系统评价体系。尽管目前大数据技术飞速发展，然而，到目前为止，我国在数据分析采集等方面尚不成熟，还没有一个比较完善的数据共享机制。我国大数据的多元评价机制仍不成熟，对于数据管理的一些政策法规并不完善，并没有深入挖掘数据共享观念。

（二）大数据背景下完善高校录取机制的重要性和可行性分析

1. 有利于实现个性化

利用大数据建立多元化考核评价体系，在一定程度上可以客观评价学生的综合素质和个性特长。分数只是一个衡量和评价学生学习能力的基本标准，将学生的综合素质和艺术特长纳入评价，不仅有利于高校对考生综合素质的评价，还有利于考生特质的展现及个性特长的发挥。大数据在前期可以划分学生群体，识别其早期需求。大数据可以通过辨识学生在择校早期出现的需求和问题并及时提供建议。大数据可以辨别学生的群体，识别和分析这些群体的能力，能够更好地帮助学生了解学校。同时，大数据也能够让学校更好地了解学生群体，更精细化地对其分类，发现他们各自独特的需求，从而实现个性化教育。

2. 有利于提高研究生的入学率

大数据能够给学生带来极大的便利。学生通过大数据网络平台，了解学校的教育资源、教学设施、师资力量，以及该校学科的专业性，依据个人的爱好来选择高校；再利用已建立的个人评估信息，运用大数据和系统分析方法进行匹配，分析选择哪个学校较为合适，进该校的概率是多少。运用数字化技术，学生能更准确地选择适合自己的高校。从学校层面分析，高校可以通过大数据挖掘学生潜力，提高生源质量，同时能够有针对性地培养专业性人才。

3. 有利于考生的平等

通常说考研其实是一个信息战，对众多考研的学生来说可获得的信息不全面、不准确。高校在招生中采用大数据录取，在一定程度上体现了高等教育机会公平，同时使不同个性特点的学生能接受适合自己的高等教育。利用大数据技术，能够对分数之外的差异做比较，打破将分数作为录取的唯一标准的模式，能够全面地关注素质教育所推崇的观念、兴趣、情感和发展过程等个性化因素。大数据将这些因素作为可以量化的指标，在同一群体中进行对比，在一定程度上体现了公平性。

4.有利于推进录取方式多样化

要推进录取方式多样化，就需要构建一个评价标准多元化、科目组合多样化的评价体系。相对单一评价体系来说，多元化评价体系比较自由，但正是由于它比较自由，其缺点也十分明显，在评价时个人主观性比较强，而且本身标准不一，等等。为了避免这些弊端，在评价时就需要进行大量数据的整合与分析，对招生比例做一个科学合理的限定，以便于录取更多全方位人才，同时还要兼顾民众的态度。在某一方面表现比较优秀或者具有明显发展潜质的人，都有可能成为被录取的对象。

（三）大数据背景下完善高校录取机制的路径思考

1.树立大数据理念

大数据时代推进研究生录取工作的发展和创新，首先需要正视大数据时代已经到来的现实，各高校应树立发展与创新意识，强化对数据的敏感性，创新研究生录取工作。数据管理人员应提升自身数据管理的素养与能力，利用大数据平台，发掘数据的潜在价值，提高数据的利用效率，最大限度满足学生的需求，与此同时也能够为学校挖掘潜在的优质学生，给学校的录取工作带来便利。

2.提升学生与学校和专业的匹配度

在选择学校时，学生一定要注意考察学校和专业，只有深度了解它们，才能明确自己是否适合这个学校和专业。一方面，学生要了解自己，对自己做一个简单的自我评估，包括客观指标和主观指标。其中客观指标包括自己的成绩、参与竞赛、获奖项目等，主观指标是指心态、个人能力、兴趣爱好等。将这些主观指标与客观指标聚集在一起，构成学生的个人学术机构资料库。另一方面，为了了解与学校和专业的匹配度，应该要定期收集各高校、专业以及导师的资料，其中包括高校招生专业的要求、导师的研究方向与成果等资料，根据这些信息形成一个数据源，对反馈的数据进行分析，找到其中特殊的指标，然后形成一个分析策略，处理大数据，提高学生与学校的匹配度。

3. 完善数据库共享平台

在对学生的信息进行收集之后，要将这些信息集合起来建立一个数据库，然后将学生的信息与各高校的信息相互对应起来，这样有助于学生找到适合的院校，也有助于学校选择录取合适的学生。通过这个可量化的数据库——学校与学生的一致性，将这个整体的过程建立起来，有助于双方的双向选择。这项应用程序一方面能够帮助学校针对学生的兴趣定制培养方案，选择合适的有潜力的人才；另一方面还可以帮助学生继续深造自己感兴趣的课程。在对双方进行数据采集的过程中，可以将数据分析和共享平台建立起来。这个平台的主要模块包括学生端和高校端，根据现实中的实际情况不断地进行数据的实时更新。另外，它还包括一个信息追踪反馈机制，利用这个机制可以将学生或者学校的各种信息和成果做成报表，有利于其进行自我评估。

4. 完善规章制度

健全的规章制度能够有效地推动研究生录取工作的运行。在飞速发展的信息化时代，大数据给人们带来便利的同时，人们的隐私也面临着被暴露的风险。从个人层面而言，我们应将道德规范和制度标准作为第一位准则。高校在大数据采用的过程中应始终把学生数据的安全放在第一位，任何有关深层次数据的挖掘和个人数据的使用，以及在高等教育与招生管理方面对大数据的使用，都应严格遵守法律法规，不侵犯学生的隐私。在法律法规方面，相关部门需要推动有关法律和条例的建设，健全对数据的监管和保密的措施，加强对数据安全的防控，构建起相关方的责任承担机制。

5. 构建合理的录取机制

完善的大数据系统需要构建"执行—预警—反馈—调整"信息统计分析管理系统。该系统对各个高校的招生信息、学生信息进行收集，及时进行信息的统计分析，对高校端与学生端互相匹配中出现的特殊状况进行及时反馈。管理者需对特殊状况产生的原因进行探讨，对有可能产生影响的情况进行及时合理的调控。

二、高校贫困生精准识别中的大数据应用

（一）相关研究概述

大数据应用于高校精准识别是精准扶贫思想精髓在高校的实践与发展，对于提高高校资助贫困生的准确度有一定的实践意义。从党中央号召实施精准扶贫以来，对于高校精准资助的研究成果逐渐增多，在一定程度上丰富了该领域的研究。

针对高校资助状况，目前国内学者从三个方面对它进行了研究，分别是贫困认定研究、资助政策研究和资助模式研究。从贫困认定方面来说，毕鹤霞认为可以通过构建一个模型来提高贫困生的认定"精准度"，这个模型就是贫困度综合判别模型，通过运用模糊综合评判法与模糊层次分析法对贫困生的致贫因素、因素权重等进行分析，最后得到这个模型。但是，她是依据学生家庭经济信息，来得出的判别模型，这个判别模型并不可靠。从资助政策研究来说，刘晶等认为首先要对目前实行的现行资助政策的执行效果进行研究，通过利用模糊综合评判法和层次分析法对执行效果进行分析，然后在贫困生资助工作中提出建议。甘剑锋认为虽然高校资助体系帮助学生解决了一些困难，但是仍然具有一些负面效应，因此要权衡利弊，对目前的资助方式进行改革。这几位学者都是在研究如何完善贫困生的资助制度，并未涉及实践中资助"精准度"的研究。从资助模式研究来说，吴朝文等认为当前高校贫困生认定主要是定性与定量相结合，但两者都存在一定问题，他对此进行了改进，将大数据技术对学生的消费行为特征进行分析得出结果，然后将这些结果应用到贫困生评估体系中，从而完善现行的贫困生认定工作。罗丽琳认为大数据具有信息采集和分析优势，可在系统论思想指导下，从框架设计、制度保障、技术路径和联动机制四个方面对高校精准资助模式进行构建。尽管这几位学者从大数据视角对高校资助状况进行了不同方面的研究，并提出了对应的建议，但是他们并没有具体涉及大数据技术对高校精准资助的意义和作用。

综上所述，当前大多数学者的研究集中在高校精准资助存在的问题及对策方面，研究多局限于现有的资助体系，将大数据技术与高校贫困生精准识别相结合的研究还比较少，而精准识别是实现精准资助的前提。所以，以下从大数据视角出发，利用大数据技术对大学贫困生资助前、资助中、资助后进行精准识别，以提高贫困生资助的"精准度"。

（二）大数据时代实现大学贫困生精准识别的意义

1994年我国正式接入国际互联网，随着社会发展和科技进步，互联网被广泛应用到社会的各个领域，管理信息化逐渐成为各社会组织、团体追求的目标。与此同时，全国各高校信息化建设在20世纪80年代出现高潮，这时期的建设主要以校园网络和分散独立的管理信息系统为主。进入21世纪，高校以数字化校园为主题的建设得到快速发展，使高校信息化整体水平得到了一个质的提高。近年来，随着云计算、物联网、移动互联、移动智能终端等信息技术的普及，传统意义上的数字校园建设出现新的变化，建设"智慧"校园不再是理念口号，已经成为许多高校新的建设目标和行动指南，校园大数据环境已初步形成。以统一、多功能为特点的"校园一卡通"管理系统以及其他记录系统已遍布校园各个角落，可以说大学生的学习生活基本处在信息化、网络化的环境中，其个人家庭基本信息、校园消费明细、习惯爱好、学习成绩、奖助情况等都能被上述先进系统所收录、储存并数字化。这些海量数据真实、客观、全面地反映了大学生在校期间的行为轨迹，很多大学已具备运用大数据实施精准识别的基本条件。

目前，大数据应用的范围十分广泛，不仅用于学校系统的信息管理，还应用到精准扶贫领域。首先对贫困区域人口的信息进行收集，然后建构出精准扶贫大数据平台，对贫困人口进行梳理分析，"精准"识别贫困人口，为之定制切实可行的帮扶对策。高校贫困生的精准识别与精准扶贫有很多相似的地方。目前，很多高校在高校贫困生识别方面都是由大学生自行申报填写信息来进行争取名额的。对学校来说，这种方式难以核实信息真假，而且无法实现经济状况的动态变化，精确度比较低。然而，随着技术的发展，大数据技术使高校贫困生的精准识别成为可能。高校可以构建一个大数据平台，然后通过这个平台实时收集大学生的相关日常行为以及经济活动信息，对这些行为及信息进行分析处理，通过各种计算，最终得到贫困学生的行为特征，然后对其进行定性评判，从而提高贫困生资助识别的"精准度"。这样，贫困生资助工作人员就可以实时动态监测被资助学生的行为，从而对其行为进行跟踪判断，为贫困生资助识别提供参考。

（三）大学贫困生认定程序的现状与问题

家庭经济困难学生（我们通常讲的贫困生）是指，学生本人及其家庭所能筹到的资金，难以支付其在校学习期间的学习和生活基本费用的学生。贫困生认定工作一般在每年9月进行，次年3月微调。具体程序可概括为申请、民主评议、初审、复审、复核五个步骤。以下是对大学贫困生资助工作中存在的不足的总结。

1. 初审环节审核不严谨

经过民主评议之后，就进入到贫困生认定程序的第三步。第三步，由辅导员对贫困生人选名单进行初审，辅导员对贫困生的家庭信息进行仔细的核对筛选，然后确认最终人选做出名单，递交领导签字。领导对最终名单签完字之后，还要进行公示，一般公示几个工作日之后，这个名单就可以初审确定了，然后将这个名单交给学校学工部进行复核。

2. 复审、复核环节监督不力

贫困生资助认定程序第四、五步：复审、复核。复审环节主要由学校学工部负责，他们先将各学院递交上来的贫困生资料、名单等进行汇总，然后复核各学院的认定结果，接着报学校学生资助工作领导小组审核，最后将认定结果录入家庭经济困难学生数据库。复核则由学校每年不定期通过电话等方式调查复核学生的家庭经济情况。

由于客观条件限制，贫困生认定还是主要依赖于前三个环节，最后两个环节并没有很好履行，一旦前三个环节出现纰漏也就难以补救。复核环节，由于没有可靠方式对受资助学生的家庭实际情况进行查实，往往流于形式，监督无从下手。

要做到对大学贫困生的精准识别，就需要运用到大数据技术。利用大数据技术实时跟踪贫困大学生在资助前、资助中、资助后最直接现实的生活状态，为贫困生认定提供量化指标,能提高资助的"精准度",也是解决上述不足之处的关键。

1. 资助前,实现与政府相关部门数据对接

要达到"精准"识别,最重要的是掌握信息。高校大学生普遍来自全国各地,要精准掌握他们的信息,实属不易。因此,要推进全国学生资助管理系统与各类社会保障部门的信息系统对接和共享,这样才能提高对大学贫困生的精准识别,为高校学生资助工作提供技术保障。在大学阶段,每个学生进入学校之后就要将个人的信息、家庭情况、收入水平以及动态变化等录入大数据系统中。然后学校可与学生所在地政府建立合作,由当地政府上传学生的家庭情况等信息,然后学校可获取到相关信息并进行核实。这样,通过双方的信息交流,在学生贫困认定过程中,学校可以防止弄虚作假情况发生,提高贫困生的精准识别。

2. 资助中,建立科学有效的指标体系及识别标准

在贫困认定过程中,工作人员还可以以往年的贫困生数据作为参考,通过分析往年贫困生的某些数据,筛选出贫困生识别的主要指标。其中,这些主要指标大致有生源地贷款、校园消费明细、家庭经济收入、学习成绩、奖助情况、图书馆资料借阅次数和时间等。然后,根据这些数据的来源对其进行分类,把由学生自己提供的相关部门证明数据作为静态信息,如是否办理生源地贷款、是否为单亲家庭、是否为低保户、是否为残疾人口家庭等,这类信息在大学生就读期间一般不会变化;再把由学生持有的校园一卡通以及相关记录系统记录较为分散的、非结构化的数据转化为动态信息,如校园消费明细、学习成绩、图书馆资料借阅次数、奖助情况等,这类信息在大学生就读期间一般随着其行为变化而变化。接着,运用大数据技术将贫困生各项数据划分为重要指标与普通指标,细化各项指标数据并以轻重程度予以赋值,建立全校贫困生识别指标体系。

根据学生自己提供的相关部门证明信息与其校内行为信息,对其是否贫困进行识别判断,即将静态信息与动态信息相结合,共同作为一个判断标准,比较准确、客观。学校的各种管理系统中记录着学生大量的日常学习与生活数据,

像教学记录系统、图书借阅记录系统、"校园一卡通",等等。尤其是"校园一卡通",其记录的学生用餐情况十分具有参考价值,在学生的用餐消费行为中能够体现出学生的生活水平以及贫困程度。通过对这些资助学生的用餐消费数据进行分析,可以进行数据建模,将学生在学校的消费行为设为关键值,重点关注,然后针对消费的额度、频率和结构对学生的经济状况进行排序,从而实现对贫困学生的精准识别。以贫困生指标体系作为依据,利用大数据技术对贫困学生的一般指标与重要指标进行打分,从而确定其贫困的级别,避免由于贫困标准不明确出现不民主现象。

3. 资助后,利用大数据实现对贫困生认定工作的动态监督

在对贫困学生进行资助之后,不能就此结束,还要对学生持续进行跟踪监管。学校要利用大数据技术,采用网上与网下相互结合的方式,充分发挥对学生的监督工作。

针对网上监管工作,学校要将贫困生名单进行公示,并在微信、微博官方网站等公众平台设置举报信箱,表示接收第三方的反馈与监督。当有人举报时,学校要针对具体情况开展调查,如果认定确实存在问题,学校可以召回资助金,降低或者取消该学生之前认证的贫困等级。

针对网下监管工作,其主要由学校、老师、学生进行监督,当发现该学生存在弄虚作假现象时,学校要立即取消学生的受资助资格,并将其记入失信档案,在学生的生涯全过程进行动态监管。在对学生进行跟踪监管的过程中,如果某些学生家庭情况发生了变化,无论是由非贫困转变为贫困,还是由贫困转为非贫困,系统都要及时做出反馈预警,学校要及时调整资助对象。

三、高校选课模式中的大数据应用

(一)高校选课模式存在的问题

高等学校选修课是高校培养综合性人才的有效途径。选修课的开设对于拓宽学生视野,发掘学生潜力,丰富学生校园生活有着重要的意义。随着网络技术的发展,社会对高校人才的需求更趋向于多样化,传统的高校选课模式已经不能满足学生全面发展的需要。

1. 学生问题

自高校选修课大规模开设以来，选修课的数量日益增长，学生需要在大量的选修课中进行选择。在选课过程中存在以下问题：首先，高校学生在选择课程的时候没有明确的目标，只是根据课程的名称来判断是否应该选择，往往忽略了自己的专业课与选修课的适配性。其次，上课时间、上课地点、教师配备等种种限制使学生无法选择自己感兴趣的课程，没有实现真正的自主性选课。最后，学生对选修课持消极态度。许多学生错误地认为，选修课只是为了获得毕业所需学分，没有多大的意义，对自己以后的专业发展作用不大。

2. 教师问题

教师在选修课的教学过程中也存在一些问题。教师申报选修课时都是依据自己的专业方向，忽视了学生的特点和素质发展的要求，导致了许多选修课偏专业化。传统的"教师讲、学生听"的课堂教学模式已经不适合当代大学生的特点，教学效果不明显，不仅学生的积极性没有得到提升，也没有达到教学相长的目的。

3. 系统管理问题

在高校选课过程中，其最重要的核心就是选课系统，它也是整个高校选课得以正常运行的中枢系统。在使用选课系统选课时，实际上学生是比较迷茫的，他们对于选修课程并不了解，仅仅只是知道系统上的课程名称、授课时间以及授课教师等。由于课程介绍过于简单，很多学生并不了解选修课的详细信息，选课过程无异于盲选。另外，在选课系统中，还存在一些问题，像无法筛选选修课，选课内容重复等，对于这些问题，它不能做出准确的识别。由于选课系统无法对教师的教学情况与学生的学习情况进行实时的监督，很多教师的教学质量并不达标，学生也对此并不重视，教学效果并不理想。

（二）大数据在高校选课中的优势

传统的高校选课模式带来的诸多问题已经严重影响我国培养综合性人才的进程。大数据作为一种新型的生产力，影响了现代的新兴产业，同时也推动了我国教育信息化的发展。我们应该利用大数据技术将课程数据、学生数据、教师数据等诸多数据加以挖掘分析，发现数据新的价值，建立一个新型的选课模式。

大数据在高校选课中的优势主要体现在以下两个方面：

1. 设立选课推荐系统

学生在网上选修课程时，由于对其不甚了解，容易产生盲选现象。要避免这个现象，选课系统可以设立个性化推荐系统，根据学生的日常行为习惯，推送学生可能感兴趣的课程。

学校利用大数据技术收集到学生的各种行为数据，像借书情况、专业课程情况等，然后利用大数据技术对这些行为信息进行分析，得出学生的兴趣爱好。根据学生的兴趣爱好，推送与其兴趣爱好相符合的选修课程。如一个学生经常在图书馆借阅与绘画有关的图书，证明这个学生可能对绘画有兴趣，个性化推荐系统可以自动将那些与绘画有关的选修课程推送给学生。

与此同时，学生选择好选修课程之后，选课推荐系统还要实时跟踪其学习情况，根据学生在课程中的学习信息为之制订"一对一"的学习计划，帮助学生查漏补缺，增进其自主性。这个选课推荐系统利用大数据技术不仅能够根据学生自身的兴趣爱好为他们推荐适合的课程，满足了他们的要求，节省了他们的选课时间，增强了其对课程的积极性，同时还促进了学生的自主学习。

2. 优化课程质量体系

对高校来说，在必修课之外开设选修课，其目的是使学生全面发展，培养其成为综合型人才。但是，由于一系列原因，目前高校选修课程的结果并不如人意，远远达不到其开设的目标要求。其中，一个比较重要的原因就是高校并没有严格监管选修课程的质量，导致其教学效果不好。要改变这个状况，就需要使用大数据技术优化目前的课程质量体系，创新高校选课模式。

随着科学技术的发展以及大数据的广泛使用，之前那种传统的课堂教学模式已经不能满足当前师生的要求，要对传统的教学模式进行优化，施行新的教学模式，即"师生互动"教学模式。在这个教学模式下，教师要充分发挥大数据技术的功能，了解学生的兴趣爱好，将课堂内容与学生兴趣互相结合，吸引他们的兴趣,增强学生的自主性与积极性,真正以学生为中心,不断提高教学质量。

在大数据环境下,网络上有许多丰富的教学资源,许多高校也建立了网络教学资源库,在网上对学生进行在线授课。这种学习方式摆脱了时间与空间的限制,提升了学生的自主积极性。

第五章 大数据背景下高校学生管理及其信息化建设研究

在大数据时代,高校学生教育管理工作面临新的挑战。高校学生教育管理工作要进行创新,就要将单一的学生教育管理工作模式转向多元化,充分发挥大学生的主体地位,满足当前社会发展需要。本章分别论述了高校学生管理工作及其信息化重构、信息化发展对高校学生管理的影响、信息化背景下高校学生管理创新思路、信息化背景下高校学生管理创新方法。

第一节 高校学生管理工作及其信息化重构

一、高校学生管理工作发展概况

(一)高校学生管理内涵阐释

高校学生管理是高校管理工作中不可或缺的组成部分,指在特定的思想理论指导下,高校经过长期实践并逐步形成开展各项学生工作的操作方法和思维模式。学生管理工作是一项全面的系统工程,主要以学生学习培养为核心、以学生学风班风建设为重点、以党建工作为主线,带动各项工作发展,包含学生思想教育、规范学生的日常行为、日常学习、生活扶贫解困、心理咨询、就业指导等方面。

在高校学生管理过程中,要坚持学生的主体地位,充分尊重学生,让学生在强烈的信任感和好奇心的基础上,更好地进行学习和发展。要了解学生的想法,掌握学生的个性,通晓学生的情感,不断发现学生身上的潜力与优点,按照学生个性因材施教,培养出具有创新精神的新时代大学生;学生管理工作的开展，还要充分发挥学生的主观能动性，努力促进学生实现自我管理和相互学习，最大限度地发挥学生的自我管理积极性。

以生为本，要求高校学生管理工作者真正做到尊重每一个学生，不因学生的个性差异而区别对待；关注每一位学生学习、生活中遇到的困难；关注学生的心理，尊重学生思想理念的差异，认真对待每一位学生提出的建议，从根本上解决学生无论是生活还是心理上的实际困难，这些都需要建立和完善高校学生管理体系，更新学生管理理念，创造一个良好的校园氛围，提供由学生自我管理和自我教育的平台。需要强调的是，尊重学生并不是任由学生自我发展，对于学生在校期间的违法违纪行为，仍要及时对学生错误的言行举止进行批评、教育并纠正。

对于大学生，高校要从思想上关心他们，使大学生能够有坚定的政治立场，坚定永远跟党走的决心和信心；从学习上关心他们，让大学生通过思想引导和专业教育，在合乎个人兴趣爱好的基础上，制定明确的发展规划和方向目标。从生活关心层面来讲，高校要重视良性的校园文化氛围对大学生生活、学习和成长等方面的重要影响力，致力于打造温馨和谐的校园氛围，落实国家针对大学生的各种优惠政策，让他们感受到国家的重视和校园的温暖。与此同时，还应引导大学生提升自己的精神素养，用丰富的理论知识武装自己的大脑，在生活中完善自己。因此，大学生管理工作者要制订适合学生心理状态和兴趣爱好的管理计划，夯实大学生个性全面发展的基础。

高校要坚持从学生中来到学生中去的管理理念和思想，并将这种理念思想落实到管理的每一个细节，使学生管理真正服务于学生。管理不仅是服务，也在培育人才，因此对高校学生管理者提出了新的要求，要求尊重个体差异，激发大学生的创造力，为大学生构建良好的校园文化平台，创建良好的学习氛围，从大学生的实际生活、学习需求出发，关心他们生活学习的各个方面，并将所有的管理措施落到实处，切实服务于学生，为学生办实事，提供更多生活和学习方面的帮助。

高校学生管理工作应坚持以学生为本，从管理艺术的角度出发，逐步建立起公平公正的竞争环境，注意管理的方式方法，让大学生与学校管理者之间建立相互平等的良好关系。大学生的健康成长和发展离不开管理者的正确引导和鼓励，各学院要加强学生的全方位管理与素质教育工作，发挥学生民主，让学生自觉自愿参与学校规定的各项工作；激发学生的创造力，提高学生的积极性；赋予学生强大的责任感，促使学生德、智、体、美全方位发展，成为国家和社会所需要的高素质全面人才。所有这些工作目标都是高校学生管理工作内涵的具体体现。

（二）高校学生管理的工作特性

高校管理层的行政工作应与高校学生的特点与需求相适应，将管理工作与不同学生的特征相契合。当代大学的思想多元化特征明显，学生往往有鲜明的个性，但也容易迷茫和无助。因此，学校必须担负起责任，引导学生走向正确的人生道路，而仅凭教师的引导是不够的，还需要一套人性化、个性化的制度，引导学生走向正途。

高校工作是一项专业性非常强的工作，从管理到服务，从教学到授课，每一个环节都充满专业色彩。因此，必须有专业人才担任高校管理服务工作。在管理过程中，更要以动态的视角看待每一个大学生的行为动向，对偏离轨道的行为，在第一时间予以纠正。

高校管理工作最后都要落到实践中，随着时代的发展，理论需要根据实践不停进步，也是对高效管理实践性提出了更高要求。由此可见，高校必须不断更新管理方式，革除落后的管理方式，以便更好地适应不同时代的管理需要。

（三）高校学生管理的基本理论

1. 人本管理理论

所谓人本管理，是以人为本的管理方式。这种管理模式将"人"作为管理工作的出发点，作为管理活动制定的唯一依据。事实上，早在20世纪30年代，西方企业管理人员已经按照该理论，根据员工的个人爱好等，为他们量身制定工作内容。这一工作模式不仅能满足员工的经济需要，还能满足员工的发展需要。

就实践角度而言，高校的人本管理在某种程度上是对以学生为本的管理。学生不同于员工，各方面都还不够成熟，对学生的管理不可避免地应采取更加强硬的手段，一方面是为了学生能够快速适应学校生活，另一方面是为了使管理的效率有所提升。需要注意的是，以人为本的学校管理方式不仅强调硬性规定，还强调发挥每个学生的兴趣，不但包括学术兴趣，还包括课余兴趣。

2. 目标管理理论

所谓目标管理，即通过设定目标，再以实现目标为根本目的管理工作。通过设置激励手段，激发学生实现其目标的兴趣与动力，充分引导学生发挥自身创造性，让目标导向成为管理整体与被管理群体的共识。

21世纪以来，高校管理体制不断革新，校园管理者也不断面临新的挑战。社会制度的变革，如分配制度的取消，对学校管理工作提出了巨大挑战。除此之外，新世纪的科技手段，如移动网络的普及，也使高校管理手段和效果发生翻天覆地的变化。网络的出现，让每个管理者与被管理者都处于一线现场，每个部门的权责在互联网世界都变得空前透明。因此，如何利用互联网将管理目标变为群体目标，是每个高校管理者必须考虑的问题。

3. 过程型激励理论

现代管理理论已经从结果导向管理发展到过程导向管理。具体而言，是使被管理者在管理过程中得到满足感与获得感。根据过程管理的理论内容，被管理对象的行动动力在很大程度上取决于这种行为所导致的结果对其的吸引力，以及被管理者对这一过程获得感的判断。如果结果极具吸引力，且实现可能性较大，被管理者会有更强的行动动力。

从某种程度上说，互联网技术让学校的每一个人都成为管理者，与之相应的是，集体的管理目标也成为每位学生的个体目标。于是，整体目标实现过程的可能性、结果好坏，影响每一个个体的实践选择。

二、高校学生管理工作的信息化重构

（一）高校学生管理工作信息化重构原则

第一，顶层设计原则。高校管理层必须首先做好顶层的资源分配，让人、财、物能够物尽其用。在此基础上，从整体性出发，考虑整体目标与分项目标的关系，由此构成由上而下的一整套管理体系。

第二，系统性原则。高校管理工作既然是一个系统，不可能一蹴而就，且高校并非一个静态的整体，而是一个动态的整体。因此，要实现对每一个过程和环节的把控，必须一步一个脚印，兼顾现实性、短期性和长期性，不能操之过急。

第三，机密性原则。高校管理的对象是学生，为了使管理达到更好的状态，了解每个学生的必要信息是合理的，也意味着高校需要承担起保护学生信息安全性的责任，要实现这一点，可以通过先进的技术手段，如区块链技术，保障学生信息安全。

第四，信息流动性原则。早期，受限于技术原因，高校内部信息沟通始终不能做到完全畅通，各个部门之间的协调也不到位。对此，高校管理者必须提升自身信息技术管理水平，让信息资源最大限度地实现共享。

第五，开放性原则。在互联网社会，信息数量空前爆炸，信息来源复杂，信息实时性越来越突出。对此，高校必须搭建具有良好兼容性的信息平台，实时掌控各类信息。

（二）学生管理信息化平台构建

1. 学生管理信息化平台功能要求

（1）满足互动性。学生信息管理平台作为为学生提供行政与生活服务的信息化平台，不仅要对学生的数据进行搜集，更要承担诸如选课、申报国家志愿等功能。因此，学生管理信息化平台必须要有足够的互动性。

（2）满足功能性。随着数字信息时代的到来，学生上学期间的所有资料都以数字化的形式存储，并建立专属的数字化档案，而学生信息管理平台的基本功能是查询和维护学生自入校到毕业期间的相关信息，通过这一功能，可以精准查询到学生在各个阶段的学习信息及相关信息。比如，学生某段时间的到课情况、学生某学期的综合素质测评得分情况、学生某学期各科考试成绩、学生家庭贫困状况、学生某时期受奖励处分情况、学生某个时期受资助情况等。

（3）满足相关管理特性。学生信息管理平台需要满足高校要求的某项针对性要求，主要是由学生工作管理的系统性决定，即系统管理学生素质教育和教师团队建设。比如，为了加强班风、学风建设，作为高校应强调班级的到课率、学生考试成绩的及格率、学生职业资格证考取的合格率等，这些作为班级考核内容，应该在平台运用中得到体现。

2.学生管理信息化平台的功能模块

一个合格的信息平台要有以下功能：

（1）学生信息的存储与管理。学生信息管理平台应当详细储存学生的必要信息，如出生年月、健康状况、家庭状况、身份证号码、住址、学习情况、相关成绩等，并提供必要的咨询与查询功能。

（2）综合素质管理模块。这包括课堂实践与成绩、课外实践与成绩、校内活动表现情况与获奖情况记录等。

（3）贫困生资助与奖学金发放功能。一个合格的信息管理平台应当同时满足贫困生与优秀生的奖金申报功能，并能够直观地展示出申报流程的推进情况，减少沟通成本。

（4）校园政策与学生反馈模块。学生信息管理平台应当承担起校园政策发布、学生意见反馈的中间角色。一方面，新的措施与政策（包括生活措施、奖助措施、教学措施、学分政策、保研政策等）可以在平台上发布，减少误解与误读；另一方面，学生可以在各类校园新闻下进行评论，使学校能够及时了解学生的想法，并予以反馈。

（三）高校学生管理工作信息化重构方案

（1）上层设计和整体安排要合理。信息化重构方案中最主要的一环是上层设计和整体布局。高校在学生管理工作方面要有全局意识，要从整体出发，在建设相关基础设施、人才培养、优化信息资源等方面都要综合考虑，在学生管理信息化重构的资金投入、资源配置和信息检测等方面也要具备大局观。

（2）在引进和培养人才方面要重视人才质量。各项工作的顺利开展，都离不开高素质人才的参与。高校要做好学生管理信息化重构工作，必须引进和培养高质量人才，要在人才培养方面有详细、全面地规划。根据制订的相关计划，首先对校内负责学生管理的人员进行培训，提高他们的信息技术素养，掌握相关技能，提高信息管理能力，为管理人员信息技术能力的发展提供相应的学习平台；其次，加快引进高技术人才，推进学生管理工作信息化的进一步发展。

（3）不断优化和整合资源，促进资源合理利用。目前，高校资源使用率较低，资源不足问题越来越严重。对此，必须采取相关措施解决高校学生管理工作资源不足的问题，整合一切可以利用的资源，提高资源利用率。信息化学生管理工作的实施环境也至关重要，高校可以采用多种方式与外界进行交流，及时关注国家的相关政策，争取政府的政策支持和资金支持，这样可以让学生管理工作的效率更高，也更有保障。

（4）对中间环节加大监督力度，同时进行全面评估。在严格的监督下，高校各项工作才能顺利地实施，对工作环节进行全面评估有利于不断完善工作，及时纠正错误。学生管理工作的信息化重构离不开监督，学校要组建相关评估小组，制订合理的评估方案，对各项工作进行评估和反馈，促进学生管理信息化重构工作顺利开展。

（5）在校园内营造良好的信息文化氛围，提高全体师生的信息文化素养。在未来的社会发展中，信息技术还会扮演重要角色，高校学生管理工作更加离不开信息化系统建设。高校在促进信息文化发展的同时，也可以使之内化为自身优势，这一过程也是高校学生管理信息化重构的过程。

（四）高校学生管理工作信息化重构成效展望

1.提高高校学生管理工作效率

高校最主要的任务是为国家和社会培养人才，在人才培养过程中，不仅要重视学生专业知识水平的提高，更要重视学生身心的健康发展，提高学生的整体素质。为此，贯彻落实这项基础工作，教育工作者需要做大量的辅导工作，深入学生的生活，对他们进行细心指导。要做好这些工作，离不开信息化管理的支持，高效的信息化管理能够让工作进展得更加顺畅。

高校工作中有一项非常重要的工作，是对学生进行教育管理，高校开展的关键性工作以及学生基础工作的进行，都与这一工作密切相关。为了使工作内容更加完善，管理模式更加科学高效，高校需要引进信息化管理模式，并积极运用到学生管理中。信息化管理系统之所以能够让工作开展得更加高效，主要原因是在管理系统方面具有独特性，能够综合处理有关学生的各种信息，然后将信息公布在公共平台上，使每个人都可以轻松查阅到需要的信息。信息化管理系统在信息查阅方面具有突出优势，在很大程度上方便了高校学生管理工作，也促进了高校管理水平的提高。

在公共平台上，也可以查阅到与学生或集体有关的各种信息，如学生的考试成绩、在校上课情况、在校期间受到的奖励和处罚，还有在某一时期某专业学生上课情况、学生的成绩等情况。信息化管理系统的应用使高校的学生管理工作更加顺利，高校管理人员能够很快地掌握学生所在班级、寝室、专业的各种信息。信息化管理系统中实时更新的数据还可以让学生管理工作更加有针对性，从而提高学生管理工作的效率。

2.实现高校学生管理资源共享

随着高校快速发展、招生规模不断扩大，高校学生管理工作的难度越来越大。因此，对学生管理资源进行共享，可以提高高校学生管理工作效率。高校学生管理系统信息化建设要打破传统的多头管理模式，以学校整体发展为出发点，制订长远规划，建立统一的建设标准。统一购置软硬件设备，既节约资金，又避免资源浪费。管理人员的专业技能和整体素质决定信息化管理是否能够得到实现，为此，高校需要提升管理人员的整体素质，针对不同岗位的工作人员进行专业培训（如计算机基本操作、软件使用、故障处理、数据整理、业务知识等）。根据工作人员的专业背景安排岗位，充分调动工作人员的工作、学习积极性。制定岗位标准化工作流程，记录每个工作事项的处理方法，并形成规范化标准，避免因人员调动、岗位变动造成不同的人采用不同的处理方式。各高校要不断完善学生管理系统信息共享平台，将高校学生管理工作提升到科学化、高效化、信息化层面，实现具有时代特征的高校学生管理工作。

第二节　信息化发展对高校学生管理的影响

网络技术进入飞速发展的阶段，利用现有的网络技术构建学生工作的信息化管理平台，能够提高学生的工作效率，有利于学生素质教育的开展，营造有助于学生个性化发展的成长环境。当然，就现阶段而言，还有很多问题需要解决。

高校学生管理工作分为学生教育管理工作和学生思想教育工作，其核心职责是为我国社会主义现代化建设培养优秀的接班人。

根据党的路线方针，高校学生管理工作在几代人的研究和发展下，建立了我国高校学生管理工作体系，通过长期实践，创建出适合我国高校学生管理工作的方法，但是，学生的思想会随着时代发展而改变，高校学生管理工作也越来越复杂和繁重，各高校越来越倾向于建立学生工作信息化管理平台解决相关问题。

对学生管理和服务过程中产生的基础信息问题，高校学生管理工作便是对这些信息进行整理。以往，通过人工对这些信息进行收集、统计和传递，工作量大，重复内容比较多，工作效率也很低。但如今，高校可以利用计算机和网络技术代替传统人工的工作方式，完成对基础信息的整理工作。学生管理信息系统能够自动处理学生管理中的各类信息，将整理后的内容传到互联网上，教师和学生可以依据权限和需求查询相关信息。这种工作方式能够减少高校学生管理工作的工作量，提升工作效率，提高高校学生管理工作的能力和水平。

一、信息化发展实现高校学生管理工作科学数字化

随着互联网技术发展得越发成熟，社会信息化是大势所趋。社会信息能够改善高校学生思想教育工作的工作方式，有利于学生管理工作向数字化方向推进。目前，高校学生的信息都是以数字化方式进行储存，教师或者学生查找相关信息更加便捷高效。在推进高校数字化建设的过程中，新系统不仅要符合数字化校园要求，还要与中心数据交换平台相匹配。所以，新系统的数据信息要上传到化、集成化和标准化的实现，还能够保证数据的一致性、完整性、共享性和有序性，以便将安全、高效、便捷的数据提供给终端用户和业务系统，有利于数据信息的集中管理和有序组织，不仅方便用户访问，还有利于职能部门更加规范地完成工作，科学管理学生工作。

高校学生管理实行信息化后，能够建立合理的制度，更加规范和科学地制定管理工作的内容和管理流程，减轻繁重的工作量，简化工作流程，节省人力、物力，减少错误的出现，提升工作效率，延伸学生管理人员的工作空间。例如，

浙江工业大学的学生综合管理平台，运用数字化方式对学生基本信息进行储存，该系统功能包括学生心理健康、信息统一认证和学生日常事务等，使学生的学习和生活更加方便，提升了学生管理工作的效率。

信息化在高校的迅速普及，方便了学生的学习生活，也提高了学校管理部门的工作效率。学校在实现校园管理的同时，更加注重便捷的服务。所谓数字化，指应用现代信息技术，将文本、声音、图像、动画等物理信息以一定数字格式录入、存储及传播，简单地说，就是信息处理的计算机化。数字化校园是在校园内建设一个以校园网为媒介、以信息化管理为重点、以信息化服务为支撑的便捷校园管理系统。同时，校园主干网络的建设覆盖整个学校建设，连接包括图书馆、食堂等自助终端设备，实现校园网和区域主干网的对接，实现教师教学、学生事务管理、教师教育研究的信息一体化，随时随地为教师和学生提供便捷的信息服务。

建设数字化校园就是建设一个理论和实践相结合、信息技术过硬、应用广泛的信息系统，实现信息服务数字化、智能化，信息管理自动化。实现学生事务信息化管理，需要借助智能化的电脑系统，将学校行政管理、学生事务服务等不同的系统进行对接，使得各个部门之间的数据库能够实现共享，有效缓解各个部门、各个院系各行其是的现象。这些信息通过网络转化为数字形式，相比传统的上传下达工作模式，大大加快了信息的传播速度和辐射范围，提高工作效率，促进数字化校园建设。

二、信息化发展加强高校师生间的沟通与反馈

高校大学生是文化层次较高的特殊人群，随着网络时代的到来，网络对他们的影响也越来越大。校园信息化不仅有利于高校开展学生管理工作，还可以与学生进一步沟通、交流，并及时获取反馈意见。如今，信息技术发展得越来越快，使人们的沟通交流越来越容易和方便，高校学生对其也非常偏爱。信息化技术与高校管理工作高度融合，为高校从事学生管理工作的教师提供了与学生交流的机会。

高校从事学生管理工作的教师，可以借助多种信息化手段完成学生管理工

作，因此信息化与学生管理工作相结合是大势所趋，是时代要求。高校学生可以在日常生活中用新媒体等信息化技术进行沟通和交流，而且信息化技术不会受到时间和空间的束缚，可以随时随地与大学生进行一对一交流，具有高效、快捷和方便的特点。所以，信息化技术在学生管理工作中的应用性很强，尤其是高校辅导员，他们使用微信、QQ或者短信的方式与学生沟通交流，从而使学生管理工作更加便捷、简单和高效。

与传统媒体相比较，微信和微博等新媒体的主动性、移动性更强，还具有互动性和个性化的新特点和新优势，因而越来越多的人开始使用微信和微博进行沟通和交流，如果将大学生思想教育工作与这些新媒体相结合，将会突破工作的局限性，加强教师与学生、学生与学生之间的沟通和交流，提升大学生思想教育的实效性。此外，微信和微博等新媒体具有高速传递、便捷、共享、信息量大等特点，如果利用新媒体分享时政资料，宣传先进事迹、先进思想和先进案例，可以丰富思想教育工作内容，使工作方式更加灵活，保证高校学生第一时间看到相关内容，开阔学生的眼界。可以说，新媒体为高校学生思想教育工作的创新提供了一个不可多得的机会。

三、信息化思维推动高校工作载体的创新

学生管理工作信息化的开展，有利于高校工作的高效化和现代化推进。学生工作信息化管理是高校发展信息化的重要任务，是社会信息化的重要目标，能够反映社会信息化的发展方向。将学生人本主义教育与管理信息化相结合，有利于高校工作高效化和现代化的实现。

（一）建立学生管理工作网站

功能完备的网站是信息化管理工作顺利开展的基础。网站本质上是虚拟的媒介，设计合理和内容全面的网站有利于高校学生管理工作的开展，有利于信息的浏览和查询。

网络信息化和数字化将学生管理工作与互联网有机结合，减少学生管理工作的工作量，提升学生管理工作的工作效率，有利于学校网络宣传。在建立学生管理系统网站时，要符合以下基本要求：网站应与学生思想教育主题相一致，

与学生管理工作紧密相连；满足内容具有思想性和实用性的要求，以便高校学生信息化管理工作顺利进行。

学生网络化管理平台有助于学生信息管理工作的开展，高校可以利用学校网站发送通知、发布公告、公布成绩、宣传新的政策，教育工作者和学生能够获得更加便利的服务。由于互联网没有空间和时间限制，教师和学生无论在哪里、无论何时，都能够了解学校发生的事情。学生还可以通过校园网络平台，针对校园事件或者政策方针发表个人意见，向学校反映自己遇到的问题，还可以找到网络平台的咨询教师，教师从专业角度解决学生遇到的问题和困难，使学生的学习和生活更加顺利和丰富多彩。

（二）开发高校学生管理系统

与传统学生管理工作相比，高校信息管理系统是利用计算机技术设计的软件，具有很强的检索、记忆和存储功能，有利于学生管理工作的开展。高校信息管理系统有利于学校信息的公开和公平公正，系统操作简单，教师和学生能够方便地找到想要的信息，节省时间，提高工作效率。经过优化升级，高校信息管理系统可以更加系统化、科学化地为学校教师和学生提供优质服务，主要表现在以下三个方面：

（1）组织管理。高校的学生组织主要包括党支部、团委、青年志愿者协会、学生会和其他社团组织等，这些组织有利于学校对学会生的管理。比如，班级干部、各组织的学生干部，都是学生管理工作顺利开展的保证，能够起到联系教师和学生的作用，促进教师与学生的沟通。因此，为了学生管理工作能够顺利开展，应认真挑选学生干部，将学生干部作用发挥出来，保障学生干部的系统化和科学化，有利于学生管理工作井然有序地开展。同时，整理各种活动的工作资料并及时录入系统，方便以后查阅和借鉴。所保存的各项资料也可以为以后活动的开展和干部培训，提供丰富的经验和案例。

（2）综合测评工作。高校通过测评方式对学生进行考核，是对学生进行全面衡量和综合评价。在实际操作过程中，虽然耗费了很多人力和物力，但是测评结果并不精准，学生对学校的测评结果并不满意，从而造成误会和矛盾，有的学生还产生了抵触情绪。对此，学校可利用计算机技术，建立公平公正的综合测评机制，不仅可以使学生的权利和义务得到保证，也有利于高校测评工作顺利有序地开展。

（3）档案管理。建立档案是学生管理系统中的日常工作，将学生信息以电子版的形式整理并录入系统，既可以确保学生基本信息的准确性，还方便日后查找，节省时间和精力，提高工作效率。

（三）建立学生工作管理网络平台

在学生管理工作网站中建立学生工作管理网络平台，开设适合学生发展的项目，根据学生的需求提供相应服务，整理和汇总各项事务，使学生管理工作与网络系统紧密联系在一起，合理有效地利用网络平台，通过高效和便捷的网络系统，提高学生工作的管理效率。

（1）学生就业信息平台。高校应该加强学生信息管理系统上毕业生就业板块的建设，为应届毕业生提供优质的招聘信息，有助于他们找到适合的工作。

（2）心理咨询中心系统。近年来，大学生群体的心理问题越来越凸显，学校领导以及教师应该对此有足够重视，在实际工作中有所体现，可在学生管理系统网站上建立心理咨询项目，开展主题为"心理健康教育"的线上讲座，针对大学生普遍存在的心理问题进行阐释和解答，帮助大学生正确认识心理问题和应对心理问题；还可以提供线上一对一的咨询服务，为大学生答疑解惑。

（3）学生社区交流系统。高校可借助网络，为大学生提供沟通交流的机会，选择不同的文化为主题，让大学生各抒己见，展开交流，在沟通交流过程中，相互了解、建立友谊、增进情感，使大学生的课余生活更加丰富多彩。

四、信息化发展促进高校人才培养模式的创新

所谓人才培养模式，指在国家人才培养目标和相关质量标准框架内，大学生所接受的关于知识、能力、素质结构以及如何实现这种结构的人才培养方式，具有模式化、专业化、统一化的基本特征，普遍适用的是家庭、学校、社会三位一体的育人模式。在这个模式中，家庭、学校、社会各自发挥育人功能，力求每一环节都做到最好。如果三个方面缺乏信息沟通和共享，不能及时了解每个学生的需求，便不能真正实现学生的全面发展。

在当前全国信息化的大趋势下，信息社会中人类智能化的创造力得到普遍运用，对人才思考问题的方式、经济活动方式、社会实践产生巨大作用。对此，高校培养人才必须与时俱进，符合社会不断变化的发展和需要，必须不断提升职业素养和能力素养，熟练地掌握和应用计算机，根据相关专业知识对信息进行进一步分析，果断进行思维判断，科学实践，从容应对现代化的信息社会。

现在，高校信息化发展处于依托校园网络，继续加强和完善的阶段，高校应当抓住信息化建设时机，促进人才培养模式的转变。同时，应该以人才培养模式的转变进一步带动高校信息化发展，真正做到人才培养和信息化建设两者相得益彰、协同发展。还需要认识到，处于迅速发展状态中的信息网络技术，对能够快速接受新事物的大学生来说，同样产生思想层面和行为方式上的影响。因此，信息技术不仅改变了大学生的生活方式，加快了大学生的生活节奏，也给大学生信息管理工作增加了一定难度。

第三节　信息化背景下高校学生管理创新思路

一、信息化在高校学生管理中的优势

（一）运用信息化构建践行社会主义核心价值观的有效载体

时代发展必然会对教育产生影响，教育管理也应该紧跟时代发展的步伐。也就是说，在新媒体时代，传统的教育方法已经很难适应大学生的成长需求，外界环境的影响导致大学生的价值观念发生变化，他们对教育的需求变得更多，而新媒体的出现为教育提供了开放自由的环境，也为教育信息的传递提供了便利。新媒体为教育理念的传播提供了新渠道，以网络为基础开展的教育对话和教育活动交流，对于社会主义核心价值观的传播是有利的，高校还可以通过新媒体了解大学生的思想需求、思想变化，引领正确的舆论导向。

新媒体平台的出现使大学生教育更有针对性，提高了教育效果，原因是网络平台为信息交流提供了虚拟环境，在虚拟环境中有利于真实观点的表达，教育管理者也可以通过网络平台了解学生的真实想法，并且针对大学生的思想进行有效引导，有针对性地提高教育效果。基于大数据技术形成的新媒体网络，为大学生提供了自由进行信息交流的场所，通过新媒体平台发布信息、获取信息，信息的形式更加多元化、更具有开放性，新媒体网络形成了自由表达的信息空间。除此之外，新媒体网络用户之间是平等的关系，不同的主体之间可以进行平等的信息传播，每个人都有发出自己声音的权利。

网络信息主体由单一的存在向多元化进行转变，使网络用户的构成更加丰富，涉及社会不同群体、不同阶层，实现所有人群之间的信息传播和信息交流。其中，大学生作为网络使用的主要群体，更是掌握了一定话语权，在新媒体平台上发表更多的声音。新媒体网络的便利性也带来了一定负面影响，因为信息传播是平等的，所有人都可以自由地发出声音，导致传播信息的复杂性，在大量信息中不免会有负面信息，也会出现问题与争论。大学生的思想还未真正成熟，在信息选择上可能会出现偏差和失误，有可能受到错误信息的误导。因此，高校在使用新媒体进行教学管理时，必须注意对学生的思维和想法进行有效引导，教会学生如何分辨网上的信息、如何运用互联网的信息。在此基础上，学校可以借助互联网的便利开展教育教学。

二、推进高校学生管理创新的必要性

第一，推进管理创新的必要性，体现在创新可以满足教育的发展需求。随着我国社会快速发展，教育也在逐渐加速。无论是学生生源数量的增多还是学校教育规模的扩张；无论是国家层面教育的改革深化，还是学校内部对学生生活、成绩、管理的人性化，都需要学校提出新的管理方式和工作模式，需要学校进行创新，以应对外界的不断变化。每一次创新都是学校改革的挑战，每一次创新都是对教育需求的满足。

第二，推进管理创新的必要性，体现在创新可以满足学生管理工作的需求变化。学生管理工作是与学生生活、工作、学习、情感等相关的管理工作，当今大学生生活的社会环境是不断变化的，无论是人们的生活方式、思想观念还是经济文化，都变得异常丰富和多元。在这样的时代背景下，学生的思想和日常生活学习都受到影响，学生思想变得更加开放，也更愿意表达自我，更加关注自我需求。高校对此必须尊重学生的自我意识，必须适应时代发展潮流，在对学生管理进行不断创新的同时，创新管理理念、手段、模式，只有通过创新才能实现科学有效地管理，才能实现学生价值。对学生管理进行创新不仅可以满足学生对教育的需求，也可以满足教育自身的发展需求。

第三，推进高校学生管理创新是培养创新人才的需要。随着科学技术的不断发展和进步，要满足社会对人才的需求，必须加大对高校学生的培养力度，培养综合素质足够高的专业化人才。要实现人才培养目标，必须加大教育创新和制度改革，不仅要创新教育管理观念，还要创新人才培养模式。在高校教育中，学生信息化管理工作比较重要，也是培育人的主要方式，学生管理创新是培养创新人才的需要，也是高校教育创新的主要内容之一。

三、高校大学生管理工作的思路拓展

在信息化背景下，大学生发展过程中出现的问题是不确定的，给高校大学生管理带来了新的挑战。传统的说教方式已经无法满足当前的发展需要，我们需要开拓管理思路、创新管理理念。

（一）注重学生的情感教育

所谓情感教育，指在高校日常管理过程中，要充分发挥情感因素的积极作用，做到"情"与"理"有机融合、相辅相成。尤其需要注意以下方面：

首先，以人为本。学生是高校学生管理的对象，是具有独立意识和人格的人。

其次，以情为基。情感教育的目的在于教育，但要注重寓情于教的方法导入。

再次，因势利导。开展情感教育的前提是尊重学生的个体化和独立性，因材施教。

最后，以情激情。重视情感的推动作用，适时表扬学生，向学生传播正能量，培养学生积极向上的道德品格。

（二）树立正确的人本观念

（1）师生之间应树立平等意识。要促进师生之间的良好交流和沟通，必须采取有效措施，改善师生关系。对于师生关系，应是平等的，是基于人格平等上的合作交流关系。在师生关系建立中，必须凸显学生的核心主体地位，教师要起到良好的引导作用。在具体的教学管理活动开展中，教师要让学生学会自我管理，不应进行过多干预。

（2）建立人性化的规章制度。科学完善的规章制度是学校管理的重要保障。一般来讲，规章制度呈现出重惩罚、轻奖励的失衡状态，在高校管理制度建设中，首先需要建立符合大学生心理特征、年龄特征、班级特征的人性化制度。

（3）尊重学生的个体差异性。素质教育的最终目的是实现学生的个性发展，要在教育之初认识到学生的学习基础、理解能力等方面的差异性。要从根本上提高教学效率、保证教育成功，必须尊重学生，采取个性化和专门化的教育方法，针对不同的学生，采取不同的教学方法，通过加强个性化教育，为学生创设良好的学习环境和学习氛围，从根本上提升学生的思维创新能力。

（4）教师必须认识到，学生是发展中的学生，学生之所以称为学生，是因为他们需要被教育，尤其是在当今社会环境下，大学生的思想变得更加多元，无论从成长的横向还是纵向来看，他们的发展都具有更大变化。学生的成长除了遗传因素影响之外，主要受到外界环境、后天教育的影响。通过自身遗传因素、外在环境和后天教育的共同影响，学生逐步从青涩走向成熟。然而，成熟的过程时而缓慢时而快速，教师必须树立"学生是变化的学生"意识，不应用成人的思想标准要求学生，要对他们实行动态化管理，针对不同的发展阶段进行引导。

（5）培养学生的责任感。对于学生责任感的培养，主要指他们应该具有道德感。首先，教育他们展现自己的个性；其次，培养他们对自我负责、对社会负责的意识。

（三）树立以学生为本的管理理念与大教育管理观

树立以学生为本的管理思想，从学生角度出发进行大学教育管理，是实现大学生管理创新的基础条件。管理学指出，人是管理最重要的因素，也是一种管理资源。以学生为本的教育管理理念，是要将学生看作管理的重点，围绕学生需求展开管理工作，关心学生的日常生活，尊重学生的个人意愿，鼓励学生发展个性，满足学生个人发展需求，激发学生的自我管理。

以学生为本的教育思想，需要深入了解学生需求，只有在了解学生基础上，才能展开针对性的管理，与此同时，应该以提高学生的综合素质能力和创新能力水平为教育出发点，在管理过程中使用科学、民主的管理方式，最大限度地调动学生学习的主动性、积极性，营造一种学生是学习主人翁的良好氛围，使学生认识到他们不仅是被管理的对象，也是自我管理的主体。

学生管理工作需要学校全体人员参与，形成管理合力，应该提高学校各个部门对学生管理的参与程度，引导他们积极参与学生管理的过程中，建立整体性的管理体系，以学校主要工作部门为管理主体，以部门内的相关人员，包括教学人员、职工及学生干部等，共同进行学生管理，为学生的生活、情感、学习提供服务。

（四）运用现代科学技术推进学生管理手段创新

随着互联网的飞速发展，我国许多行业都发生了巨大改变，教育也不例外。互联网技术、大数据技术逐渐走进大学校园，并且促进各项工程建设。大学生是我国当代社会网民的主要群体，校园网的建立为学生提供了用网渠道，大学也成为互联网用户的密集区域。大学生在日常生活中主要依靠互联网获取生活所需要的各种信息，互联网对他们的日常生活、日常学习、价值观念、思维模式都产生了非常深刻的影响，这对大学教育管理也提出了新的挑战。为此，大学管理者需要掌握互联网技术，利用网络实行创新，开拓管理途径、丰富管理手段，将管理升级为信息化管理，只有这样，学校管理工作才能真正发挥作用。

首先，建立学生的信息数据库。学生信息是开展教育管理的基础，掌握学生各方面的信息，有助于展开针对性的管理。因此，为了更好地收集大学生的基本信息，高校应该从入学开始记录大学生的各种信息，形成信息数据库。比如，登记学生的家庭状况、经济状况等，对有需要的学生展开必要帮助，记录学生的学习成绩、参与的社会实践、获得的各种奖项，以便提高管理的弹性。

其次，建立学生的数字化管理平台。针对学生的教育管理应该建立专门网站，形成管理组织群，如微信群、QQ群等，通过网络进行有效管理。网络管理平台需要符合学生对教育的需求，管理应该生活化，服务于学生生活，与学生进行自由、平等沟通，努力了解学生的思想，突破传统的单向沟通模式。数字管理平台有利于提高学生对管理的兴趣，使学生积极主动地参与管理。

（五）推进学生管理运行机制创新

管理学中的中坚力量是学生工作管理队伍，他们是学生管理的主要管理者、执行者。学生管理队伍的行政组织形式是管理机构，管理机构主要负责组织内部的活动管理，也负责调度机构内各个队伍的力量，综合管理资源，实现科学有效的管理。为了提高管理水平，应该推进学生管理运行机制的创新。

当前，我国高校学生管理机构主要由学校的党委副书记带头，由学生工作负责人和学院党委副书记、辅导员、班主任组成，辅导员和班主任是直接接触学生的管理者，他们的能力水平直接决定学生管理工作的效率高低。为了提高学生工作管理的整体水平，应该对辅导员和班主任进行专业化培养，提高他们对工作的认真程度。除此之外，要对辅导员和班主任进行一定的奖励，工作效果好的辅导员可以进行职称评定、出国深造等。学院作为学生管理工作的基础组织机构，直接面向全院的学生，所以必须形成良好的机构运行准则，保障机构有序运行。

学院对学生管理工作的具体过程，应进行人员和管理层次分配，建立学院、年级、班级、宿舍四个管理层次。学院主要由学院团委、学院学生会、学院心理辅导园地构成，年级主要由年级团总支、年级学生会、年级党支部等构成，班级由班级团委、班级班委构成，宿舍主要由寝室长进行管理。在人员配置上，学院党委副书记主要负责统筹机构的全部工作；辅导员负责年级层次管理，不同的辅导员分别负责团委、学生会以及心理辅导园的工作；班主任主要负责班级的具体事务管理工作；学生干部负责学生的组织管理工作以及自我管理工作。在不同层次、不同人员的管理下，实现目标清晰、职责明确的管理模式，整合学院所有干部力量、学生力量，实现学生和管理者之间的有效沟通，形成管理合力，实现科学、有效、精细化的管理。

（六）建立立体互动的学生管理体系

高校学生管理工作的主要途径是制定规章制度和行为规范，约束学生行为，引导学生思想的正确发展，帮助学生成长为合格的社会主义接班人。学生发展的过程受到很多因素影响，学校管理工作必然需要多元的管理主体。在多元管理主体中，学校是主要的管理者，社区是学生管理工作的支持者，家庭是学校开展学生管理的合作伙伴。

（1）学校是学生接受教育的重要场所。学校的规章制度和相关管理方法，需要建立在充分尊重和了解学生的思想特征和实际情况基础上，明确科学合理的人才培养目标，还要在结合学生身心发展规律的基础上，实现刚性管理和柔性管理的有效结合，凸显出思想教育的激励价值，营造出良好的教育管理氛围。

（2）社区是学校学生管理的重要支持者，社区已经成为学校管理机构中不可或缺的组成部分。社区是学生开展日常生活和娱乐交往的主要区域，也是学生课外学习的主要区域。学校内的社区必须加强有效管理，有助于约束学生行为，引导学生的思想观念。一般情况下，对社区管理是建立公寓管理中心，管理的主要目的是避免形成管理盲区，对学生实行全方位管理和帮助。公寓管理中心的建立也是为了营造良好的社区氛围，为学生的生活和课外学习营造良好的空间。除此之外，公寓管理机构还必须和学校其他管理机构进行有效沟通、积极交流，将学生管理过程中出现的问题进行及时反馈，通过管理部门的共同研究解决学生的发展问题，进而提高学校的整体管理水平。

（3）家庭是高校学生管理体系中不可分割的一部分。要加强高校学生信息化管理，还需要学生家长的配合，只有在综合考量高校教师和学生家长交流信息基础上建立起来的学生家长联系制度，才能真正发挥应有作用。比如，多数家长在与高校互动方式上，不仅会通过电话联系，还会利用高校官网留言或者邮件反馈信息。这些关于教育经验交流的方式，从根本上促进了高校学生管理工作的有效落实，扩大了学生管理方法的应用范围，优化了学生管理效果。

高校学生管理创新工作难度较大，针对高校学生管理人员，必须在结合信息化思维特点基础上，不断创新和完善学生管理方法，及时了解学生管理变化情况，从根本上推进学生管理的创新。

第四节　信息化背景下高校学生管理创新方法

一、创新高校学生管理思想理念

（一）领导者与时俱进、以人为本的理念

随着时代的发展，学校的信息化建设迫在眉睫，高校在进行信息化建设时，需要认真分析信息化的发展趋势，学校领导者应该保持清醒的认知，充分了解信息化发展需要消耗的学校资源、关系到哪些学校职能部门、需要调动哪些人员等。领导者应该对此进行科学规划，找准时代发展方向，有整体观念、大局意识，能够严格落实各项规划，严格跟进信息化的部署工作。

高校信息化建设需要学校领导主动学习相关理论和相关观念，通过自身积极主动地学习，带动学校信息化建设。与此同时，学校领导还应该有整体性思维，有全局意识，能够进行统筹规划，在对学校进行充分调研和考察基础上，制订适合学校发展的信息化方案。通过不断发展，很多学校都认识到应该成立专门的信息化校级管理机构，对信息化发展进行集中管理和规划，有助于明确学校的信息化培训目标，掌握信息化的发展策略，有的学校还专门成立了负责信息化建设的领导者，全面推进校园信息化。同时，领导干部需要具备以人为本的建设理念，认清学校信息化服务本质；注重信息化建设过程的管理，采用建设阶段目标和建设奖励方法，带动学校教职工参与信息化建设。在信息化的建设过程中应用系统动力学理论，也就是在建设过程中运用项目的管理思维进行信息化管理，将信息化建设当作一个庞大的项目，从管理学的视角进行建设资源分配，寻求各方面平衡。项目管理的方式有利于达到信息化建设管理的最好效果、达到信息化工作的最高效率，有效指导学校的信息化工作建设。

（二）管理人员自觉利用信息化办公平台的理念

高校信息化建设面向的是全校师生，信息化建设不仅为学生提供平台支持，教师也应该积极地使用信息化平台。教师通过网上办公的形式，使用学校信息化平台，并且在使用过程中不断完善信息化平台建设。

我国高校建设是按照专业进行划分，很多教师并非计算机专业或者计算机相关专业从事者，所以高校教师信息化水平参差不齐。很多非专业的教师使用信息化平台会心有余而力不足，进而导致学校教师对信息化平台的使用率和利用率较低，在他们的日常办公过程中仍然习惯使用传统的教学方式。

高校在开展信息化平台建设的同时，应该对学校教职工进行信息化培训。通过培训，教职工可以掌握信息化平台的使用方法，进而提高信息化平台的利用率。除此之外，信息化平台管理员应该不断加强信息化理论学习，紧跟信息化发展步伐。因此，学校管理人员的信息化水平决定了高校的信息化建设水平，在信息化应用基础上，应该注意节约教学成本，提高教学效率。

（三）学生自觉积极使用信息化系统的理念

高校信息化建设给学生的学习和生活带来极大便利，既提高了学习效率，又增强了学习的主动性。通过信息化技术手段，学校生活也将更加便利。例如，校园一卡通既包含宿舍门禁卡，也包含饭卡、图书借阅卡，还可以作为学生证明，方便了学生的日常生活。

学校信息化建设要求学生具备一定的信息化素养，学生对于新鲜事物的接受能力较强，对于信息化平台和产品的使用比较容易掌握。但应该注意到，大学生的思想还未完全成熟，在进行信息化素养的培养过程中，应该注意给予正确的思想引导，对于互联网的不良影响应该及时规避，确保信息化的建设是为学生的学习和生活提供便利，而不是成为学生沉迷网络的工具。

（四）技术人员树立利用信息化技术合作的意识

高校信息化技术需要技术人员维护。一般情况下，学校信息技术人员拥有理论技术，缺少掌握信息化的实际需求，所以应该对信息化技术人员进行服务意识培训。信息化管理人员应该了解学校和师生对信息的需求，展开实际调研，通过调研了解和掌握需求变化。除此之外，技术人员应该清楚地了解和掌握信息产品，根据需求不断改进产品服务，根据实际需求进行产品创新设计和技术建设，切实推进高校的信息化技术应用。信息化建设更重要的是日常管理和维护，应该秉承正确的信息化建设理念，开展信息技术应用。

二、创新高校学生管理组织结构

信息化发展应该创新学生的管理组织结构，组织结构的创新可以为学校发展提供动力。学校的信息化建设不仅是计算机或者多媒体设备软件的增加，还需要学校管理结构的创新，只有管理环节跟上信息化的建设速度，才能实现信息化的良好应用。为此，应该根据学校的实际发展需要进行资源重组，进行科学、合理、有效的设计，包括流程设计、目标设定等，通过合理的设计保障资源快速、及时传输，为学校日常工作需求提供稳定的保障。

（一）完善学生管理信息化组织结构

信息化的组织结构建设应该成立专门的领导小组，或者是工作委员会，任命学校领导直接管辖领导小组，负责信息化建设相关的目标设定、流程规定，并且进行总体管理调度，协调各个部门的职责，管理工作人员，保障信息化工作能够整体有效的开展。除此之外，信息化技术的领导者还应该负责信息的筛选和挖掘。

信息筛选有利于实现数据的高效利用，信息化组织结构对于高校的信息化建设有着重要作用，完善学生管理信息化组织结构，有利于提高学校整体的管理水平，促进资源的高效利用。

信息化组织结构的建设还需要不断完善，形成一定体制。信息化领导小组是高校信息化建设的主管部门，管理各个项目的推进和应用，也包括管理人员的调动，对各学院、各专业的师生来说，信息化领导小组是校园信息化建设的主要管理部门和服务部门，是服务的提供者，领导小组也是学校信息化平台的使用者。信息化服务平台是整个校园信息运作的保障，必须建立健全相关体制，保证信息化组织的有效运行。

（二）优化高校学生管理体制

1. 高校学生工作组织结构的主要类型

（1）直线型层级结构。高校学生工作组织结构，一般是直线型的层级结构。直线型结构主要是以学校和学院两个层次为主体，其优点是决策可以快速传达，操作灵活，有利于学校对下层院系的控制，有利于资源的高度整合。但是直线型结构也有其不足，主要体现在管理职能有交叉，甚至重叠，而且横向结构之间很难进行有效沟通。当开展整体学校工作时，会涉及不同部门，如保卫处、团委、党委、后勤、各个学院等，这些机构都属于横向层次，彼此之间没有管理权，也没有决策权，在具体工作中如果不能进行有效沟通，会出现工作无人负责的局面，领导负责人相互推诿，使工作很难开展。

直线型的结构组织涉及管理层次众多，导致学院或者专业的最高领导者很难完全掌控学生的所有工作。相比学校教学和学术研究，学生管理工作并没有得到关注和重视。除此之外，学生工作的相关信息需要经过学校党委、行政部门、学校团委传达到学院团委、学院辅导员，再传递到班长和团支书。经过多层次传达，会导致信息传递不通畅或者信息传递受阻，甚至是信息失实。有的学校管理属于学校党委，但是辅导员等用人权限属于学院管理。管理人事权限的分离不利于具体工作的开展。

（2）横向职能型结构。横向职能型管理结构最初起源于西方学校管理，我国学校很少使用这种管理模式。这种管理模式的特点是管理层直接面向学生开展工作，工作直接由学校分配，学校直接面对学生，相比直线型的管理结构，横向职能型结构的分工更加明确，避免了信息传达的失误，各个部门之间沟通更加便利，有利于学校指挥各项活动。横向职能管理结构范围跨度大，容易协调，可以多头并进开展具体工作，是其最大的优点。

2. 网上业务协同矩阵管理结构

网上业务协同矩阵管理机构越来越受师生的欢迎，被应用到学校组织管理中。当前，数字化建设在我国高校内普遍应用，师生的信息化素养也得到提高。信息素养提高后，师生不满足于本部门内部的信息和业务服务，需要寻求更多的跨越部门、跨越职能的信息交流和信息服务，而跨越不同职能的信息业务处理和信息服务便可通过网络实现。比如，学校毕业生在离校时需要办理手续，传统办理离校手续需要教务处的盖章、学生处的盖章、图书馆的盖章以及后勤部门的盖章，学生办理离校手续往往需要跑多个部门。但是，通过信息化业务协同服务，学生可以在网上实行离校手续的办理，信息化协同管理结构有效节省了学生办理离校手续的章程和时间，通过网络将各个部门的职能联系在一起，可以简单快捷地办理离校手续。除此之外，学校进行奖学金或者各种职称评定时，往往需要学生理论知识的成绩、德育的成绩，在网上通过教务处和学生处的业务协同管理，可以很方便地解决评奖评优所需要的各方面资料。此外，网上业务协同最明显的应用是校园一卡通。校园一卡通集合了学校门禁、学校图书馆借书以及学生食堂消费等功能，涉及学生处、教务处、学校保卫处以及学校图书馆等部门，一卡通的综合应用体现了网上业务协同管理结构应用和建设的成熟。

高校信息化进程的推进，为矩阵管理结构的应用提供了强有力的支持。由于目前信息化建设还处于起步阶段，如果要完全实现矩阵管理结构，还需要经过一段时间的发展。目前做得比较好的是，学校基本实现简单的信息化综合管理，设立信息化相关的新职能、新岗位，为信息化的综合协调提供保障。比如，成立信息化服务中心、校园一卡通管理和服务中心等。信息化的系统和体制建设能有效协调各个部门，实现学校信息化综合管理。

三、创新高校学生管理业务流程

对企业来说，管理业务流程创新和再造，是对企业的业务流程进行根本性革新，重新进行思考和设计，提高企业的服务和质量，降低企业的运营成本。对高校来说，管理业务流程的创新和再造，是从根本上改变学生管理方面的业务流程，重新设计和思考，从而提高学校的管理水平与办学效率。

高校存在的主要目的是为国家培养人才。对学校发展来讲，学生事务管理是学校最为紧要的管理任务，高校学生业务主要包括学生的学籍录入、管理学生的就业创业、心理辅导，等等，这些业务的完成需要学校多个部门参与。比如，大学新生报到时，会涉及学校的具体院系、学校财务处、学生管理处、学校后勤、保卫处等部门，也就是说，学生业务管理需要学校各部门共同参与，如果能够进行有效联合办公，将会极大地简化学生业务处理程序。

学校对学生业务处理的水平代表学校整体的办学效率，随着信息化在高校的应用，学生对业务办理的需求也变得越来越复杂、越来越多样。传统的业务流程已经无法满足学生业务的新需求,对此需要对学校业务流程进行创新和再造,进行根本性思考和设计,为学生需求提供针对性服务。

随着管理信息化,学校各个职能部门之间应该主动配合信息化的应用,积极进行学生管理流程创新,可以说,管理的信息化体现为管理的流程化。除此之外,高校学生管理业务流程的创新需要充分了解传统业务流程的不足,结合学生对业务办理的新需求进行流程创新和再造。在这个过程中,应该遵循以人为本原则,尊重学生的合理需求,进行流程简化、增加和整合,实现高效率办学。

(一)改进传统学生管理流程

1. 在信息平台下实现组织结构扁平化

学生的管理流程应该借助信息化手段,实现结构扁平化转变。通过基本调查和了解,以学生的基本需求为出发点,改善业务管理流程,不断缩小直线管理层级,将组织结构变得扁平化。扁平化的组织结构有利于学校领导更好地了解师生的真实需求,缩短学校和师生之间的距离。此外,学校还应该实现组织结构的流程化。流程化的组织结构有利于实现学校管理任务和管理目标。流程化的组织结构以核心任务为中心,分配工作人员,通过不同职能部门的配合,完成管理任务和管理目标,这种方式增加了学校不同部门之间的交流和联系,促进了教学信息的流动,充分发挥了学校各个部门的职能优势,使资源利用最大化。例如,按照传统的管理模式,最高层级的领导如果要了解学生的基本情况,需要多个部门传达信息、汇报信息,而信息化管理流程使得校领导可以不受部门限制,通过信息化平台了解学生的基本信息,有利于缩短工作时间,获得真实可靠的信息。

2. 基于现代信息技术网络化构建协同管理平台

学生工作涉及各方各面,是一项复杂的管理业务。信息技术的出现为学校管理的优化提供了更多选择,以信息技术为基础建立的技术网络化系统管理平台,可以有效整合学校信息资源,实现综合管理,为学生提供更加便利的服务,打破原有不同部门之间的壁垒,真正实现学校信息共享。

信息化技术在我国高校得到普遍应用,实现我国高校数字化、智能化,通过信息技术为学生提供公共智能化管理。通过数字方式进行学生业务管理和信息流动,对于学校决策、部署和规划工作是极具推动力的。

3.集成相关业务,简化业务流程

业务流程的革新和再造,应该组合散落的业务,优化业务流程,创建高效顺畅的协同管理平台,还应该删除传统业务流程中不需要的、多余的、冗杂的步骤,进行程序精简,以实现管理的轻便化和自动化;应该避免获取重复的信息,通过一次性的信息获取,实现更高效率的信息集成;应该降低办事流程中和各个部门人员接触频率,简化办事步骤,实现各个部门之间的业务集成;应该避免活动分散,将类似的业务进行整合,实现任务集成。通过信息部门和任务集中,实现学校业务流程的综合化,将一项任务所需要的各个信息、各个步骤、各个部门整合在一起。

业务流程的整合体现在将学生的信息进行有效归类,以便更好地利用;在管理过程中公开办事环节、办事流程,减少任务和信息传递;通过信息化手段进行信息统计、录入工作,减少人工统计的工作时间。工作人员的主要工作方向是对信息进行整合、加工处理以及深入研究,有效提高办公效率和办公速度。例如,在审核学生奖学金、进行奖学金发放时,通过信息化管理系统,只需要上传奖学金的评定条件,由系统进行相应金额计算,不仅解决了传统审核过程的烦琐,也节省了时间。

(二)设计学生管理信息化流程

学生管理信息化流程涉及很多因素、不同的部门,各个部门之间是相互影响、相互制约的关系,通过确立明确的管理目标,可以设计不同环节之间的先后顺序,确定各个部门之间的传承关系。学生管理信息化流程的改革,应该思考传统的管理方法、手段和理念出现的问题,并且针对原因进行根本性改革,不是简单地照搬其他高校的管理方法、手段和理念,而是要结合学校的学生需求设计管理流程,为学生提供更有效的信息化服务。

四、创新高校学生管理手段

（一）革新高校学生管理方式

信息技术在高校的应用和发展基于高校管理方式的同步更新，要建设学生信息管理制度，首先应形成新的管理方式。学校应该成立信息化管理领导小组，设立管理目标，明确管理方法，进行项目管理。项目管理指在管理过程中以系统的方法和理论以及系统观点，对项目进行科学有效的管理，以便更好地实现任务目标。项目管理过程中项目的提出，需要根据学校管理需要，根据具体的需求进行流程策划、思路规划以及方法选择。开展不同的项目，需要不同的软件，学校应该结合自身发展需求和学生需求进行软件选择，合适的软件有助于信息化项目的整体推进，也有助于提高管理效率。

对信息化管理方式的应用，应该要求管理人员转变管理思路，从传统的封闭局限性管理向整体的开放式网络管理转化，由人工单向管理向网络批量科学管理转变。同时，在管理过程中还应该积极使用现代信息化技术，创新管理方式，拓宽管理途径。

（二）增强高校学生管理人员素质

管理机制是固定的，管理机制的发挥需要依赖管理人员，管理的效果很大程度上也取决于管理人员的素质。加强对管理工作人员素质的培养，有助于管理机制发挥更大效用。高校管理队伍应该由多层次的人员组成，人员不仅应该具备管理理论知识和理论能力，也应该具备当今时代的教育责任感和使命感，还应该具备实际的管理工作经验，熟练使用网络技术，熟练管理系统，具备创新能力，根据学生需求进行工作方式的创新和改革。

管理人员的培养需要相关的管理体制加以保障，体制的存在有助于明确各项职责，梳理各项关系，有利于学校学生管理部门的有效管理，带动管理人员对工作的主观能动性。除此之外，机制建设还应该包括培训机制。培训机制可以增强管理人员的素质，还可以实现管理人员的内部培训，通过老带新或者其他方式，促进管理人员之间的内部交流。同时，应该加强技能理论培训，通过聘请有计算机和信息技术基础的人才，对管理人员进行信息化产品培训，使管理人员掌握计算机使用能力和使用知识,有助于对管理人员的能力深化和能力提升,也能够促进学校管理组织机构更好、更快地发展。

(三)提升高校学生管理精细化程度

高校学生管理应该精细化,做好细节工作,追求精益求精的效果;建立严格标准,严格执行工作要求;工作态度认真,注意工作细致。在应用信息化技术的同时进行精细化管理,注重学生个性化发展,不仅要实现整体高水平的发展,还要注重培养学生的个性兴趣,促进学生全面发展。信息化的管理体制为学生工作的精细化提供基本保障,可以利用信息化手段促进学生个性化发展。由此可见,信息化管理体制有助于提升高校学生管理精细化程度。

提高高校学生管理的精细化程度,也代表高校学生管理的态度,是高校学生管理的奋斗目标。学生管理精细化也是学生管理体制的发展目标,通过信息化手段,可以有效提高工作的精细化程度。因此,精细化主要体现在管理方面、教育方面和学生服务方面。

(四)完善高校学生信息化保护体系

高校学生管理应该完善信息化保护体系。信息保护有不同的等级,等级高低取决于信息对国家安全、经济建设和社会生产生活的影响,或者是由信息本身的重要程度所决定。如果信息遭到泄露或者破坏之后对国家的安全、对社会的稳定或者是对国家公共利益产生较大程度的危害,信息保护等级也是较高的。对信息进行相关保护,也是高校建设信息化平台的重要工作。学生信息具有隐私性,学校在建立信息化平台时必须注重保护学生的个人隐私,应该为信息化平台安装防火墙,配备安全检查人员,及时进行信息化平台维护。

信息化系统的使用应该有等级区分,不同等级的管理人员能够进入的系统层次也是不同的,对于不同的人员分配不同的系统账号。同时,应该设置清晰的职能权限,如非必要,职能权限不应该出现交叉和重叠;要求管理人员具备相关的安全意识,保护好账号和账号密码,以免信息泄露。

对于信息保护还应该设置惩罚制度,如果因管理人员的个人主观疏忽或者是外来人员的入侵导致信息泄露,应该对管理人员或者入侵人员进行相关惩处;

如果存在学生盗用账号的情况，也应该惩罚相关学生。通过惩罚制度，可以反向促进管理人员和学生对信息保护的重视，增加信息的安全性。

五、创新高校学生管理技术支持体系

（一）加大硬件方面的投入

要真正实现学生管理工作全面信息化，必须加大投入力度，不断完善学校信息系统基础设施建设。信息化建设的硬件基础包括计算机、网络配置等，都是学生管理工作信息化的物质前提。高校学生管理信息化要在国家科技计划管理改革的总体精神指导下开展，要以计算为核心、网络为基础、应用为导向、安全为保障作为指导思想，时刻关注信息产业的发展方向，不断寻求核心技术，以期取得基础性突破。

高校学生管理信息化应尝试以建成的校园网为骨干，加强新信息技术应用，最终达到创新应用模式的目的。要依托各种信息化系统与技术，对信息化的实用性功能予以充分重视，主动整合自动办公系统与办公资源，并借助网络形式实现流转和共享。除了自身资金投入外，还要积极引入市场机制，通过与信息化企业合作，加大基础设施建设力度，从而全面提高学生管理信息化水平。

（二）创新使用物联网与识别技术

目前，我国高校工作的重中之重是保障学生安全，创建平安校园也是高校的重要任务之一。但是，为学生提供尽可能多的服务，做好日常管理，保障学生在校生活的安全，是各高校需要解决的问题。随着科学技术的发展，物联网在高校内部得到越来越广泛的应用。物联网的优势在于能够运用无线数据通信等技术进行信息收集，然后对所收集到的信息进行分析处理，再发送给用户。因此，在高校学生日常安全管理工作中可以充分利用这一优势，比如，在教室、图书馆、寝室等地方放置相关感应器和识别设备，在学生进入和离开区域时，手机会发出提示；感应识别系统还可以使学生在进出某些区域，如宿舍楼、图书馆时，通过一卡通等方式完成开关门，一方面方便了学生的学习和生活，另一方面加强了学校各区域的安全系数，保障学生的安全。对管理者来说，通过物联网随时掌握学生的准确位置，在预防和及时处理事故方面具有重要的作用；

学校还可以把射频识别（RFID）读取器架设在寝室大门口、教学楼入口、图书馆和教室等地方，在学生的手机或一卡通中安装 RFID 标签，这样，每天学生离开寝室时，手机会提示学生需要的书籍或需要参加的活动等。

（三）创新使用新媒体技术

新媒体是在信息化和数字技术支撑体系下出现的媒体形态，其通过计算机网络、无线蜂窝网、卫星等介质，给人们提供诸如数字报纸、数字杂志、手机短信、移动电视、网络、数字电影、触摸媒体等服务。新媒体可以大致分为以下三种类型：

（1）互联网媒体。互联网媒体指在互联网上建立的一系列媒体形式，主要包括网站、微博和博客、网络媒体、网络广播与视频、搜索引擎、虚拟社区等。

（2）以手机为接收终端的媒体形式。这种媒体形式主要包括手机报、短信和彩信、手机广播和电视、手机上网功能等。

（3）以数字电视为基础的新媒体形式。这种媒体形式主要包括车载广播、车载移动电视和楼宇电视等。

如今，具有较强交互性、开放性和个性化特点的新媒体更为人们所喜爱，比较具有代表性的是微信、微博，很多学生很早就开始使用新媒体，在高校大学生之间的使用更是十分广泛。因此，在新媒体时代背景下，各高校应利用新媒体手段创新学生管理工作，探索和发展出新的工作方法，从而促进学生管理工作的不断进步和可持续发展。

六、创新高校学生管理绩效评价体系

高校学生管理信息化绩效评价体系，由高校信息化评估中的一系列指标组成，这些指标之间具有相互联系、相互补充的关系。高校信息化的绩效评价体系应该在信息化背景下更加贴近高校工作的实际情况，能够对高校信息化成效进行有效验证。高校信息化绩效体系要求其指标设计具有目的性，有利于高校必要制度和政策的出台，能够综合反映高校学生管理信息化建设现状，在高校学生管理信息化工作发展过程中起到导向性作用。

高校指标体系的建立，除了借鉴和吸收教育理论和信息理论外，还要遵循高等教育信息化的科学概念和理论体系。高校学生管理信息化绩效评价指标体系主要由以下六个方面构成：

（一）战略地位评价指标

高校信息化的战略优势地位是信息化成功的前提条件，决定信息化工作在学校整体工作中所处的地位。只有高度重视信息化工作，确定信息化的战略地位，才能保证高校信息化工作的资金来源，从而使其持续、顺利地开展，一般情况下，信息化的战略地位可以通过年度运营维护投资、年度资金投入占学校总投入的比例、信息化投入经费增长率三项指标反映出来。其中，信息化年度运营维护投资是学校投入力度的重要反映，要在信息化工作方面取得成功，必须有明确的规划以及充足的预算资金。

学校对信息化的实际投入情况，可以从静态和动态两个层面进行考察。静态层面指信息化年度资金投入占学校总投入的比例；动态层面则指经费增长率。学生管理信息化年度投入包括硬件基础设施建设、人员培训、信息系统开发与应用等相关方面的资金投入总额。

（二）基础设施评价指标

信息化基础设施能够在一定程度上反映出高校信息化建设水平，也是信息资源开发和应用最直接的平台。信息化基础设施主要包括校园网出口带宽、个人电脑拥有率、校园网覆盖率及学生管理信息系统的普及率。

校园网出口带宽是基础设施的重要组成部分，是信息传输、交换和资源共享的必要手段，包括网络设备的规格和性能等内容，能够充分反映出学校通过网络与外界交换信息资源的速度。对校园网出口带宽指标的评估，可以随着网络技术的不断发展而调整标准。个人电脑拥有率指在校师生计算机的拥有率；校园网覆盖率表明学校内部网络的建设情况；学生管理信息系统的普及率，则主要指各职能部门在开展业务过程中信息化信息的使用比例。

（三）应用状况评价指标

在高校中，财务、教务、学生管理、招生和就业等管理系统都是以网络和信息化为基础，对这些系统的应用情况进行准确评价，是高校学生管理信息化工作的重点。这些系统能够充分体现出高校信息化建设成果，也能方便学校教育教学工作，切实提升工作效率。学校通过收集各个系统中学生注册数、系统和学校主页的每日访问次数，以及高校师生使用相关管理信息系统次数等指标，通过整理分析对相关应用的使用情况进行综合评价。

一般情况下，高校使用的系统必须是教育部指定或具有相关认证的系统，但对于已经通过教育主管部门认证的管理系统，学校可以从本校的使用实际情况出发，开发出更加符合学校实际情况的系统，从而更好地为学校服务。

（四）信息资源评价指标

高校信息化的重要内容之一，是学生管理信息资源，同时信息资源的开发和利用，也是高校学生管理信息化的核心步骤。

高校学生管理信息化建设具有系统化特点，其目的不仅是建设物理网络，也不是单纯应用管理信息系统，真正的目标是将学生、教务等全部信息资源收集整理好，并且能够让所有师生在一定条件和范围内共享。

（五）人力资源评价指标

人力资源是一切工作的基础，在高校信息化过程中也是一样的。可以说，确保以人为本的理念能够充分得到支持，这是高校信息化成功的重要保障，要求高校充分认识人才的重要性，招揽人才、重视人才，将人才作为信息化取得成功的根本。

一般情况下，对人力资源的评价可以由两个具体指标进行衡量，分别是一年内参加高校组织的信息化培训人次、高校信息化建设部门规模、给学校提供技术支持和运行维护队伍规模。具体来说，信息化培训人次能够反映学校对学生和教职工进行信息素养培训的情况；高校信息化建设部门规模能够反映学校参与信息化建设的力量；给学校提供技术支持和运行维护队伍的规模，则可以对高校学生管理信息化的后勤保障机制进行综合反映。

（六）组织机构和管理评价指标

对于高校学生信息化工作的组织管理水平进行评定，主要依据为高校信息化组织机构和管理评价。在实际工作中，对于组织机构和管理的评价，主要从两个方面进行考虑：在信息化建设中，应用教育部行业标准的程度，以及执行明确的信息化安全相关规范程度。

通过机构设置，对信息化主管部门进行职能和实际执行情况的考察，能够使信息化工作的战略地位和组织地位达到相辅相成的目的。规章制度的制定和执行，是保障高校信息化顺利运转的基础，对规章制度的考察层面，则由信息、网络和安全管理等措施的制定及实施情况共同构成。为了避免网络安全问题的出现，迅速响应和解决已经出现的网络问题，高校必须要建立健全网络信息系统安全的响应和解决机制。

第六章 大数据时代下高校学生管理创新实践

第一节 大数据时代下高校学生管理创新基本思路

一、大数据思维在高校大学生教育管理中的优势

要想促进学生大数据管理创新，必须借助新媒体的力量，把抽象的观念具体化、大众化，还要实现学生思想管理和社会主义核心价值观的有效结合，在明确教育管理理念的基础上，将新媒体应用到学生学习的各个方面，并通过推动社会实践，开展多样化的主题活动，开展大量的志愿活动，提升学生的自身修养，外化为大学生的自觉行动，规范学生的自身行为，促进学生全面发展。

1.构建大学生教育管理的大数据宣传平台

围绕立德树人的根本任务，构建网络信息平台，建设培育和践行社会主义核心价值观的大数据阵地。高校与相关网站应融合社会主义核心价值观，充分运用大数据的形式，加强对大学生的教育，注重在网站建设中贴近大学生的思想、生活、情感与实际，坚持用社会主义核心价值观引导学生，设置大学生喜欢关注的文化、艺术、生活、服务等相关栏目，把高校的主流网站建成集教育教学宣传栏、学术论坛、院报、校刊、社团论坛、网络论坛、后勤服务等功能于一体的综合性平台。在宣传教育服务的同时，融入社会主义核心价值观，在服务大学生的同时，注重社会主义核心价值观引领与践行，贴近学生，增强网站的吸引力与影响力，激发大学生访问、交流、参与网站建设的兴趣，逐步吸引大学生把浏览主流网站、参与互动交流作为用手机、电脑上网的首要选择，

用网络凝聚大学生对高校的感情、对老师与同学的亲情，在互动交流中培育并践行社会主义核心价值观。

2.建立大学生教育管理的交流平台

大数据的有效运用，需要构建培育和践行社会主义核心价值观平台，运用新媒体进行深入交流，发挥信息交流平台的宣传与引导效用。教育管理工作者需要树立大学生在大数据环境下教育管理的新理念，调整教育管理工作创新思路，并与传统教育管理有效的方式有机结合起来，形成相互配合、互相补充的新方式，把握大学生教育管理大数据的主动权。积极探索在大数据背景下，大学生教育管理的新特点、新规律和可能出现的新问题，针对这些新情况，深入分析问题产生的外部原因和内在原因，找到根源，寻求解决的办法，在解决问题的过程中促进大学生全面发展。主要通过网页搭建师生信息互动交流平台，建立党支部、团支部、班级等组织的QQ群、微博、微信群、贴吧等，辅导员、班主任建立工作博客，将个人的工作日志、邮箱、微信、微博、QQ等以博客网页的形式提供给学生，形成交流圈子，构建集教育、管理、交流、服务于一体的网络信息园区，成为思想教育、网上学习、信息传播、交流沟通和管理服务的载体。教育管理工作者通过这些载体及时关注大学生对网络文化、网络动态、网络话语、网络心理、网络舆论的反应，针对性地做出解释、沟通、疏导，给大学生的学习、生活带来更多的指导、安慰与交流，及时针对大学生的动态准确地了解大学生真实的想法和存在的困难与疑惑，较好地实现与学生的交流和沟通，并进行答疑解惑。

在教育管理中，创新信息交流形式，结合具体的主题教育活动加以落实。在班级博客中结合"中国梦·青春梦"进行征文比赛，面向全班同学，结合中国梦畅想自己的青春梦，放飞自己的远大理想，把握青春时光，立志成才，勤奋向上。在班级QQ群中，可以针对时事热点、时政新闻等进行讨论，多方面、多角度地了解大学生的思想动态，从而提高共同认识；针对班级中存在的问题展开分析，及时褒奖先进，针对不足深入讨论，集思广益，找到裨补缺漏的办法，提高班级的凝聚力与学生的进取心。在微信、微博、人人网上发表或者转载一些弘扬正能量的励志性文字，能够起到激励理想，唤醒进取心的好效果。在运用新媒体进行交流学习的过程中，不断增强大学生的民族自尊心、自信心和自豪感，在潜移默化的熏陶中引导大学生培养正确的人格和伦理道德，不断强化自身的价值追求和价值理想。

二、推进高校学生管理创新是形势发展的迫切需要

（一）推进高校学生管理创新是适应高等教育大众化发展的需要

近年来，我国高等教育步入快速发展的轨道，高等教育规模的迅速扩大以及高校内部改革的逐步深化，尤其是学生生活社区化、弹性学分制的实行和班级概念的淡化，都不同程度、不同方面地影响着学生管理工作，并对高校学生管理工作提出了新的要求与挑战。高校学生管理工作只有积极创新，优化管理资源配置，才能适应大众化发展的要求。

（二）推进高校学生管理创新是加强和改进学生工作的内在需要

学生管理是以对学生的学习、生活、思想、行为等进行科学教育引导的特殊管理活动。当前，社会生活方式多样化、思想观念多样化使学生的生活方式、价值观念都打下了深刻的时代烙印，尤其是互联网的发展和信息的多元化，对学生的学习、生活、思想观念产生了巨大的影响与冲击，而开放的教育背景，使学生个性更加张扬，更加关注自我。在这种形势下，学生管理如果仍沿用传统的管理模式，将很难奏效，只有顺应时代潮流，尊重学生的个性与主体意识，进行管理理念、管理手段、管理模式的变革与创新，才能发挥其管理育人的价值。推进学生管理创新，既是加强和改进学生管理的内在需要，也是提高高等教育质量的迫切需要。

（三）推进高校学生管理创新是培养创新人才的需要

随着科学技术的不断发展和进步，要想满足社会对人才的需求，必须加大对高校学生的培养力度，培养出综合素质足够高的专业化人才。要想实现这个人才培养目标，必须加大教育创新和制度改革，不仅要创新教育管理观念，还要创新人才培养模式。在高校教育当中，学生大数据管理工作比较重要，也是培育人的主要方式，学生管理创新不但是培养创新人才的需要，也是高校教育创新的主要内容之一。

三、开拓大学生管理工作的新思路

面对当代大学生中所出现的新特点和存在的新问题，如何做好高校大学生的管理工作，培养出高素质的合格人才，已成为一些教育管理者研究的课题。以往单纯说教式的管理方式已不适应新时期的发展要求，必须调整我们的工作方法，树立新的管理理念，开拓新的工作思路。

（一）注重情感教育

所谓情感教育，就是要求我们在日常管理工作中，要晓之以理、动之以情，以理服人、以情育人，理中有情、情中有理。第一，应该把学生当"人"管，而不能把学生当"物"来管；第二，在学生教育管理工作中，要以情感为基础，以教育为目的，寓情于教；第三，在教育管理过程中，要以情感为基础，以尊重为前提，因势利导，教育和管理学生，做好转化工作；第四，要以情感为动力，以舆论为导向，不失时机地赞扬、鼓励学生，以情激情，培养学生高尚的道德情感。

（二）树立人本观念

1. 师生之间应树立平等意识

要想促进师生之间的良好交流和沟通，必须采取有效措施，改善师生关系。对师生关系来说，对应的是平等的关系，是基于人格平等上的合作交流关系。在师生关系建立当中，必须凸显出学生的核心主体地位，教师要起到良好的引导作用，学生才是学习的主人。在具体的教学管理活动开展中，教师要让学生学会自我管理，不要进行过多的干预。

2. 要让规章制度充满人情味

制度建设是班级管理中的重要举措，但是制度的制定与实施，应适应不同班级的特点，符合大学生的年龄特征，而不能以检查、纠偏、惩罚为目的。

3. 教师要尊重学生的个性差异

针对素质教育来说，其核心是个性化教育。针对不同的学生来说，是存在一定差异性的。要想从根本上提升教学效率，保证教育成功，就必须尊重学生，采取个性化和专门化的教育方法，针对不同的学生，要采取不同的教学方法，通过加强个性化教育，可以为学生创设良好的学习环境和学习氛围，从根本上提升学生的思维创新能力。

4. 教师要树立"学生是发展中的人"的意识

在教育过程中，作为被教育者的一代青年学生，他们身心发展与成人有所不同，从他们的纵向成长和横向变化来看，都还处在不断发展的过程之中，具有极大的发展潜在可能性。他们的发展，除了先天遗传素质外，往往与外界一定的环境、教育条件密切相关，无论生理方面还是心理方面，都在学习过程中通过遗传、环境、教育的交互作用，逐步趋向成熟。这种成熟时而发展迅速，时而发展缓慢，呈波浪式前进。因此，作为教育者和管理者，就不能用对成人的标准去要求学生，更不能用凝固的观点去看待、指责他们，或是听任他们自由发展。相反，应该针对他们身心发展不同阶段的具体特点，加以引导。

（三）树立以学生为本的管理理念和全员参与的大教育管理观

有什么样的教育观念，就有什么样的教育活动。推进学生管理创新，首先要树立切合学生特点、"以学生为本"的管理理念和全员参与的大教育管理观，这是学生管理创新的前提和先决条件。现代管理学认为，人是各种资源中最重要的资源，是管理中的首要要素。树立以学生为本的管理理念，就是要求管理者在管理的过程中，把学生看作管理的核心，一切工作以学生为中心展开，把关心学生、尊重学生、激励学生、解放学生、发展学生放在首位，最大限度地满足学生的需要，最充分地调动学生的主动性、积极性、创造性。具体而言，就是要求我们在学生管理的过程中，深入了解学生，认真研究学生的需求，把发展学生的综合素质和创新能力作为学生管理工作的出发点和落脚点。同时，在管理中充分发扬民主，发挥学生的主观能动性，让学生明白，学生既是管理的对象，又是管理的主体，提高学生自我管理、自我教育、自我服务的能力。全员参与是指高校学生管理工作主体的全员化。推进学生管理创新，要树立全员参与的大教育管理观，强化高校党政各部门和单位的育人和管理意识，充分调动高校内外各方力量和各方面人员参与学生管理的积极性，建立起以高校学生工作部门与学生工作队伍为主体，校内各部门、教学人员、教辅人员、学生干部、社区管理人员齐抓共管，管理、教育、服务相结合，高校、家庭、社会相配合，全方位的学生管理新格局，从而形成管理合力。

（四）运用现代科学技术，构筑学生管理信息平台，推进学生管理手段创新

当前科学技术飞速发展，信息技术的进步和互联网的发展更是日新月异。作为新的信息传播媒体，互联网已成为大学生获取知识和各种信息的重要渠道，并对他们的学习、生活、思想观念、行为方式、个体心理产生了深刻的影响，给大学生教育管理带来了一系列革命性的挑战。作为管理者，必须学习掌握计算机应用技术，努力探索网络时代学生管理的新方法、新途径，创新学生管理手段，提高学生管理工作的大数据水平、科学化水平，只有这样，学生管理工作才有吸引力。

具体来说，一是要建立学生信息管理数据库。信息是管理活动不可或缺的资源，全面、详细地掌握学生的信息，是做好学生管理工作的必备条件。为此，我们从高校新生开学开始，就要开始收集、整理学生各方面的信息，如建立新生录取信息数据库，做好学生登记表、学生家庭联系表、困难学生情况表，等等，同时将学生成绩、获奖情况、组织发展等学生发展的动态信息及时输入，进行加工、处理，制成电子档案，为有的放矢地开展学生管理和教育奠定基础。二是建立学生管理服务平台。如通过学生工作专题网页、微博、博客、QQ群等形式建立学生管理服务平台，主动占领网络阵地。学生管理服务平台的内容要符合学生的生活、学习、思想需求，各种信息要贴近管理、贴近生活、服务教学。民主、开放、平等、互动的讨论与沟通，受众面广，不受时空限制，可以改变过去以单向型为主的教育管理模式，有利于激发学生的参与热情和主体意识，增强学生管理工作的亲和力。

（五）整合学生工作队伍，健全学生管理机构，推进学生管理运行机制创新

学生工作队伍是学生管理主体的主要力量，是学生管理活动的主要执行者。管理机构是管理主体的组成形式，是组织内管理活动及其他活动有序化的支撑体系。整合学生工作队伍，健全学生管理机构，是学生管理资源有效配置的重要方式，是推进学生管理运行机制创新的有效举措。从目前高校的情况来看，

学生管理队伍一般是由校党委副书记、党委学生工作部管理人员和学院党委副书记以及辅导员系列组成，辅导员、班主任是学生管理工作的中坚力量，其执行力直接体现学生管理工作的水平。高校要根据辅导员队伍专业化发展的方向，进一步整合学生工作队伍团队，构建高起点的工作平台，从根本上扭转学生工作的临时思想和应付思想。同时，要从政策上如职称评定、进修深造、年终考评等多方面加大对辅导员、班主任工作的激励保障，使学生工作岗位真正成为对教师有吸引力和价值感的"终生"工作岗位。在学生管理机构上，一般由党委学生工作部门和学院党委学生工作办公室组成，由党委学生工作部门统领高校的学生工作。作为学生管理的基层单位，高校要直接面向广大学生，要将成百上千学生的管理工作做细致，还必须有更加健全的机构和网络去实施管理活动。在实际工作当中，高校根据学生管理工作内容、学生规模、辅导员配置的情况，建立了由副书记、辅导员、班主任（助理班主任）、学生干部组成的学生管理队伍，学院（党校、团委、学生会、科技联合会、心灵家园）—年级（党支部、团总支、学生分会）—班级（团支部、班委）—宿舍四个层级的学生管理机构。副书记负责学生管理全面工作，辅导员实行分年级管理，团委、学生会、科技联合会等学生组织由不同辅导员分工负责，班主任和助理班主任负责班级管理具体事务，学生干部带头并负责做好学生群众性组织管理和学生自我管理。在这种纵横交错的运行机制下，学生管理者实行对组织机构的直接管理，管理目标明确，职责清晰，同时将年级辅导员、班主任（助理班主任）、年级学生干部力量整合，便于对所管辖年级学生动态与信息做全面的沟通与交流，便于对学生管理工作进行协商与探讨，有利于形成学生管理合力，进行精细化管理，增强管理效果。

（六）健全以学校为主体、社区为依托、家庭为配合的学生管理体系

高校学生管理，就是通过制定一系列规章制度、行为规范、管理措施等，对学生思想和行为进行科学的引导和制约，是有意识、有目的地使大学生健康成长、顺利成才的活动。而高校学生的思想和行为是多维因素综合影响的结果，所以对高校学生的管理应该是多维主体共同实施管理活动的过程。在多维主体

中，高校是高校学生管理的主体，社区是学生管理的重要依托，家庭是学生管理的重要合作者。

1. 高校是学生接受教育的重要场所

对高校规章制度以及相关管理方法来说，是可以对学生的学习行为起到导向作用的。在具体的高校学生管理当中，必须在结合学生思想特征和实际情况的基础上，明确科学合理的人才培养目标，还要在结合学生身心发展规律的基础上，实现刚性管理和柔性管理的有效结合，凸显出思想教育的激励价值，营造出良好的教育管理氛围。

2. 社区是学生管理工作的重要依托，是学生管理工作组织机构的重要组成部分

学生社区既是学生生活、人际交往、娱乐的重要区域，也是学生学习和社会工作的重要场所，尤其是随着高校城和公寓化等大型学生社区的兴起，社区对学生思想观念、价值观念的影响将更为广泛、深刻。目前，很多高校在学生社区成立了公寓管理中心，使学生社区不致成为学生管理的"真空区"和"盲区"，拓宽了学生管理的空间。学生社区管理中心在加强宿舍管理、营造社区的文化氛围方面起到了积极的作用。学院和高校职能部门、基层学生管理者必须重视加强与公寓管理中心的沟通与互动，将学生社区管理过程中存在的问题和出现的情况、学生思想动态及时交流、反馈、协调，共同研究解决，防止出现社区和学生管理责任互相推诿、牵扯或"两张皮"的现象，增强管理效力。

3. 家庭是社会的细胞，是高校学生管理体系中不可分割的一部分

要想加强高校学生大数据管理，还需要学生家长的配合，高校教师必须加强和学生家长的交流沟通，创新并完善学生家长联系制度。比如有的家长在与我们电话联系的同时，还发邮件或登录高校有关网站留言反馈学生的信息，交流教育经验，对推动学生管理起到了积极的作用。通过严格遵循学生家长联系制度和标准，可以从根本上促进高校学生管理工作的有效落实，还可以扩大学生管理方法的应用范围，从根本上优化学生管理效果。高校学生管理创新工作难度是比较大的，针对高校学生管理人员，必须在结合大数据思维特点的基础

上，不断创新和完善学生管理方法，还要及时了解学生管理变化情况，从根本上推进学生管理创新。

第二节 大数据时代下高校学生管理创新实践策略

一、思想理念创新

高校学生管理工作创新的基础和前提是理念创新。理念是高度凝结的集体式智慧，核心是自主创新能力，既强调外在的显性理念，又强调潜在的隐性理念。高校学生管理工作的创新，要让学生管理工作人员都能够与时俱进，及时更新个人理念，形成创新高校学生管理事务，提升管理工作效率的新理念。更新高校学生管理创新理念的具体途径有以下几种：

（一）领导者要有与时俱进、以人为本的理念

高校的大数据建设是一项需要消耗巨大人力、物力和财力的工程，同样也是牵扯到多个职能部门和一线人员的工程。因此，高校的学生管理大数据项目在实施前必须要经过一个科学合理的规划，同样也需要高校领导者对大数据的趋势有一个清醒的认识，对时代的浪潮有正确的眼光，能够紧跟时代的步伐，大局观念强，能够花大力气对高校大数据建设的规划和部署进行严格把关。领导者要能主动自觉地学习先进的大数据理论观念，做到从自身做起，统揽全局，高瞻远瞩，全盘规划。同时，还应该在充分调研论证的基础上制订出适合自己高校的大数据建设方案和长远目标。

在开展大数据建设时，应加强系统动力学理论的应用，运用项目管理思维进行建设管理，主旨是将学生管理大数据的过程当作一个具体项目来运作，从管理系统的整体出发，决定信息管理资源的配置和平衡，有利于现有学生工作管理能力的整体最优化，能够进一步提高学生管理工作的效率，对高校学生管理工作有较强的指导意义。

（二）管理人员应着重培养服务的意识，养成自觉利用大数据办公平台的理念

校园的大数据系统是为高校所有人服务的，同样，高校管理人员也是校园大数据系统使用的重要主体，而采用网上办公、高校教师参与是大数据建设的一个重要手段。高校管理人员应该加强自身服务意识的培养，在使用大数据办公系统时，能够从服务的层面提出相应的意见和建议，以加强对大数据系统的进一步改善。同样，由于我国多数高校的管理人员属于不同教师阶层，来自不同专业，许多非计算机或大数据相关专业的人员大数据水平较低，因此，信息系统的使用对他们而言有时候使用起来会出现不同程度的问题，因而他们仍然习惯于按传统的手工模式进行日常办公。所以，高校应该在大数据建设的同时，加强对学生管理工作人员的教育和培训，引导他们积极养成自觉利用大数据平台的理念。而管理人员本身在观念上对大数据的理解要加强，在理念上要跟上高校和社会大数据的步伐。高校要通过培养管理人员的大数据意识，使其能够在轻松使用大数据系统的基础上实现成本的节约和效率的提高。

（三）学生要充分理解大数据带来的便利，积极使用大数据系统

现代化的信息手段的应用不但使学生的学习效率有了大幅度提升，而且使学生在学习和生活上有了更大的自主性和灵活性。当前很多高校都实行了校园一卡通，像银行卡一样大小的信息卡片集成了学生证、门禁卡、饭卡、借书卡等一系列与学生密切相关的信息，给学生提供了极大的便利。同样，大量信息终端的设立也使学生传统的学习生活中融入了大量的大数据内容，虽然在某种程度上对学生大数据素养的要求有所提升，但是其所带来的优势则不言而喻。在现实生活中，学生乐于接受新事物的特性也让学生更加热衷于大数据产品的使用，但是由于高校学生自身的心理和性格特征，高校还是要在加强学生大数据素养的培养、大数据资源开发和使用上给予必要的引导，使他们都能对不良的上网习惯和网上诱惑提升免疫力，保证大数据能够成为学生学习和生活的重要工具。

（四）技术人员在加强服务意识的同时，也要树立合作意识

高校信息技术人员在高校大数据的建设和维护中发挥着主导作用，因此，高校应该确保管理和维护专业技术人员能紧跟科技发展的步伐。由于专业的原

因，很多高校信息技术人员工作的出发点往往只停留在技术层面，很难对各部门实际的需求有一个很好的把握。因此，高校大数据技术人员应该与一般技术人员不同，高校要努力培养他们的服务意识。前期调研时，要通过对学生、行政管理人员和其他管理人员的交流，了解不同人员的大数据需求。在大数据产品使用过程中，大数据技术人员也要对产品有一个清晰的把握，以求根据高校的实际情况，加强大数据产品的创新性和务实性，从技术层面和实际应用的需要对大数据进行相应综合的设计和建设。

在高校学生大数据管理当中，还要严格遵循"以人为本"原则，关爱学生，保护学生，促进学生的个性发展，从根本上提升学生的独立思考能力，加大对学生全面发展以及学习需求的关注度，旨在促进学生健康成长和高效学习。

信息技术提供的自动化功能和通信功能，有助于构建各类管理应用系统，提高管理的效率；信息技术强大的通信和交互功能，有助于畅通与学生沟通的渠道；借助信息技术构建各类应用平台，开展管理机制创新和应用，可以不断提升学生管理和服务水平，让网络成为传承人类道德普遍价值的新手段。高校要重视网络平台的建设，开展以人类道德普遍价值教育为主题的网上论坛、网上交流、网上辩论赛、网上教学等活动，在校园博客、论坛中将人类道德普遍价值贯穿于新闻报道，通过大家的相互交流、对话和积极渗透，倡导积极、健康、文明、进步的价值观，不断改进和提升网络平台，强化民族精神，增强网络的宣传力和影响力。

二、组织结构创新

创新高校学生管理组织结构是大数据背景下高校发展的有效动力。高校学生管理大数据不是在现有的基础上增加计算机、添加多媒体设备或是管理信息系统等软件，更多的应该是按照现代高校管理理念对高校学生管理的各个环节和各种资源的优化重组，在重新进行科学定位的基础上，进行信息流程的合理设计，以保证各种信息资源能够在网络环境下得到及时、准确、高效的传输，从而满足各项管理工作的需要。因此，要推进高校学生管理大数据，就必须在原有的组织结构上进行新的设计。

矩阵结构普遍化是目前国际著名高校组织结构取向的一大特点。目前，省内众多高校都在进行数字化、智能化校园的建设，高校学生和教师的大数据素养有了大幅度提高。高校很多的职能部门也因为不满足于本部门的信息共享与业务协同，逐渐向跨处室、跨应用、跨职能的信息共享和业务协同方向迈进。学生工作出现跨越教务、后勤、财务等校园内部多个职能部门的网上事务处理和信息服务的现象也日渐增多。很多高校学生在教务处进行学籍注册时，相关人员已经可以使用大数据手段，通过相关信息系统到财务处验证是否已交纳学费，以此来实现学生注册的快速服务。以往高校毕业生在办理离校手续时，手持纸质离校单要跑教务处、学生处、图书馆、后勤等十几个部门盖章。通过使用毕业生离校系统跨部门业务协同，毕业生可以在网上实现毕业离校手续的办理。在学年评优评奖中，奖学金等奖项的评定往往需要如成绩、德育等方面的综合要求，而通过教务处、学生处的协同工作，该问题很容易得到解决。在国内的高校中，很多高校都使用了校园一卡通的系统，校园卡同时分别是学生证、图书证、门禁卡，往往由网络中心具体负责卡的制作和发行，相应的教职工和学生身份信息分别从学生处、教务处、人事处、保卫处等的数据库通过横向整合同步到校园一卡通系统，这样就可以使用一卡通系统实现校内多部门的信息共享和联合办公。

信息技术的应用可以为中国高校矩阵管理结构的建立提供支持并发挥促进作用。当然，由于目前中国高校大数据的发展还不完善，高校要建立全校统一的信息系统以支持矩阵管理结构的形成，还要经历很长一段时间。但是很多高校都已经通过设立一些新的部门和岗位，重组了业务流程，如成立大数据办公室作为推动大数据建设的综合协调机构；成立学生信息综合服务中心、一卡通管理中心等机构来促进大数据的进程，积极通过信息系统完成一些原来需要多个业务部门分别完成的工作。

1. 高校的大数据平台

应统筹学生处、教务处、就业指导中心、图书馆、校园卡管理中心、财务处和宿舍管理中心、心理咨询中心等与学生学习和生活密切联系的部门，合理规划平台的功能模块，并以统一的学生基本信息数据为基础，建成学生电子档案库，将学生在校期间的学习、生活、获奖及获得资助、违纪处分等各种基本信息包含在内。在实现功能发挥的同时，能综合反映学生在校期间的表现，体现学生在学习、奖惩和获得资助方面的真实情况，最终实现对学生综合素质的客观评价。统一的学生基本信息数据是实现平台数据统计的核心要素。

因此，要确保学生电子档案库中学生基本信息的统一。基本信息应包括学生的姓名、性别、出生年月、生源地、学习经历等一些固定不变的内容，也包括在校期间的家庭基本情况和家庭成员信息等可能发生变化的信息，还应包括学生奖学金及助学金的获得情况和实习、培训等需提交后由院系、学生处审核通过的信息。而数据的更新可根据高校的特殊情况，由学生在特定时间修改，相关部门进行审核。另外，该平台要通过其他设置附加一些功能，以达到全面记录学生情况的要求，如一卡通消费情况、图书借阅情况和宿舍进出情况等，以便进行调查统计分析。

2. 平台应具有数据收集和数据分析的功能

该平台的数据来源应直接、客观，适合用于调查统计分析。通过对相关数据进行统计分析，可以对学生在校期间的学习和生活等情况进行综合客观的评价。例如，将从校园卡管理中心中调取的学生消费信息与学生资助管理中心调取的贫困学生统计信息进行对比，可以帮助高校对贫困学生的情况进行核实与监督，对补助发放进行相应调整；将从图书馆调取学生的借阅记录、进出记录与从教务处调取的学生成绩进行相关对比，对促进学生加强课外阅读和学术研究做出有效分析；对学生的就业信息进行统计，然后与学生在校期间的情况进行对比分析，为如何提高学生综合素质和就业能力提出相对客观的建议。同时通过对部门之间相关数据进行交叉对比，了解高校在教学管理、其他学生事务管理过程中存在的问题，进而对学生工作和教学管理提出建设性的意见。如果平台的规划不合理，那么大数据平台运行将会十分混乱，大数据管理也无从谈起，推动高校学生工作发展则是奢谈。

3. 关注平台的权限分配

权限分配可以采取给予角色分配权限的模式，对不同部门的工作人员根据职务和工作内容分配不同级别、不同内容的操作权限，以达到对每个操作环节的细化，提高系统的安全操作。该学生管理系统应支持学生事务管理部门的工作人员、班级辅导员和学生本人使用，同时也可为其他部门人员配置相应的查阅权限，以便了解学生的学习和生活情况。同样，"只有拥有用户管理权限的辅导员、学生处、教务处、财务处、团委等才有权对其相关信息进行修改"。

三、业务流程创新

高校学生管理流程再造可以定义为通过对高校现有学生管理业务流程进行根本性的再思考和彻底性的再设计，实现高校整体管理水平和办学效益的显著提高。我国高校的中心任务是培养人才，高校学生事务也是高校最重要的业务。在高校的业务运作中，学生报到注册、学生学籍管理、学生就业实习、学生心理辅导等基于学生事务的业务通常需要互相关联的多个部门共同参与。如在新生报到业务中，各院系、财务处、学生处、资产管理处、保卫处以及信息中心等部门都是相关部门，也都需要在该业务中参与相关工作，因此，如果这些部门能够联合协同办公，那学生的报到手续也会有所简化。目前，高校学生事务的处理水平已经成为体现高校办学水平和管理水平的重要标志，学生业务需求也因为教育大数据的广泛开展而更趋多元与复杂化，所以对学生事务的业务流程进行根本性的再思考和彻底性的再设计，使得高校学生事务的特定需求和大数据建设的实际相符，学生和学生工作人员的工作实际相符就显得尤为重要。高校学生管理大数据环境下，要求教务、财务、保卫等各学生管理职能部门之间进行最大限度的协作，以求实现对学生管理的创新性改进，因此，高校学生管理大数据就是一种基于流程的管理形态。如今，高校要实现大数据背景下的学生管理业务流程创新，首先应该分析原有学生管理流程的不足，坚持以优化学生管理流程为中心，摒弃以前以职能为导向的管理理念，对传统的学生管理流程模式中分离的部分整合、相似的部分合并、多余的部分铲除，以求实现学生管理的高效与便捷。

（一）对传统学生管理流程的改进

第一，要在信息平台下实现组织结构扁平化。

首先，高校学生管理要在经过充分调研论证的基础上，建立便捷和高效的管理业务流程，通过缩小管理层级，使组织变"扁"变"瘦"，以求在达到扩大管理幅度的同时缩小高校领导与师生之间的距离,从而实现组织结构扁平化的目的。其次,要建立流程型组织结构,流程型的组织是以任务和目标为导向,以各种核心流程为基础,围绕一系列核心业务流程进行工作、人员和组织结构配置的一种组织模式,它改变了职能分配式的工作安排方式,加强了各职能部门之间的联系,促使信息流和资源流在高校内部顺畅流动,让各部门的资源和工作潜能优势得以充分发挥。例如,在原来的学生管理模式下,校领导如果要了解某个学生的基本情况,往往需要通过下面多个部门集体收集资料,然后再逐级上报,而在大数据模式下,校领导可以跨越职能部门的限制,通过大数据的网络平台直接获取所需要的信息,这样校领导不仅能在最短的时间内获取自己所需的信息,更大大减少了信息在传递过程中出现失误甚至失真的可能性。

第二,要在现代信息技术的网络化基础上构建协同管理的平台。

高校学生管理工作是一项烦琐的系统工程,信息技术作为高校实现管理优化的一个重要手段,如果能够建立一个整合业务的协同管理平台,在这个平台上,能够实现对任意来源、结构的信息都可以得到统一的管理和个性化的使用,那么就能够打破原有部门之间的信息垄断,对各种信息资源进行整合利用,从而推动信息资源的共享。现在,很多高校都已经迈入数字化、智能化校园的大门,它们利用先进的计算机技术、网络通信技术对高校学生管理和生活服务等所有信息资源进行全面的数字化。以数字化的信息管理方式和沟通传播方式推动高校实现教育大数据、决策科学化和管理规范化。

第三,对相关业务进行集成,简化业务流程。

对传统分散的业务流程按照优化、顺畅、高效的目标进行重组和再造,是进行组织结构改造和建立协同管理平台之后的重要步骤,其手段包括对不必要的活动任务进行清除、整合任务、简化程序和自动化。对现有高校管理的流程进行进一步的改进。通过保障,信息只从源头一次获取,使流程具有更高的效率和准确性,实现信息的集成;通过尽可能减少教师和学生为某事反复接触办事人员,实现功能和部门集成;通过把类似的活动整合集成,实现任务集成。集成任务后的工作是要建立将一项事务的多个步骤、多个部门、多个环节整合在一起的综合业务流程。如对现有的各类学生信息进行归类利用，用信息的公开化取代传统垂直管理中负责上传下达信息的中间层，用计算机大数据的处理方式取代传统学生管理人员手工的统计、登记工作，将学生管理人员的主要精力放在对信息的加工和进一步深化利用上，这样解决问题的速度比以前以流水线为基础的业务流程更加快捷。又如，在年度助学金等级的审核与发放工作中，只需在学生管理信息系统中提前设置好评定条件，由计算机统一进行审核，确定助学金等级和相应的发放金额。这样在避免了传统模式下人工审核的烦琐的同时，也可以节省大量时间。

（二）学生管理大数据流程设计

高校学生管理流程是指学生管理活动中一系列相互关联行为的序列结构，它反映了在某种活动目标的导向下，这些活动的先后顺序、承转关系，制约、推进和输入输出的客观规律。基于管理流程的最优化原则，按照流程再造的步骤，我们首先要重新思考，即质疑传统的管理理念、管理方法、管理手段及管理过程，由过去简单照搬其他类型高校的管理模式转变为以学生为中心的管理模式，以全面服务于学生、满足学生各级各类学习需求为管理的最高宗旨，从而找出更简单、更有效、更科学、更先进的解决办法。

（三）适应发展需求，革新管理方式

信息技术的快速发展，必然要求对原有的管理方式进行创新，要适应学生管理大数据的需求，对学生管理的方式进行转变。在学生管理大数据项目实施前，高校应设置大数据工作领导小组，兼顾目标管理、过程激励型、项目管理及系统动力理论，运用项目管理系统的观点、方法和理论，对项目涉及的全部工作进行有效管理，以成功地达到预期工作的目标。大数据项目随着管理的需要而提出，必然在流程、结构上体现管理的思路与方法，不同的管理体制需要不同的软件产品来适应。因此，在高校学生管理大数据项目的推进过程中，必然需要了解原有的管理方式，需要找出现行学生管理方式与软件产品的最佳结合点。在后期的学生管理大数据过程中，高校学生管理一线人员要从封闭的局域性管理向开放式的网络化管理转变，由手工的定性单项管理向网络化的定量综合科学管理转变，高校学生管理一线工作人员应努力使用现代信息技术，大胆探索学生管理的新方式和新途径。

（四）抓好队伍建设，增强人员素质

万事"人"为先，人是任何管理工作中最关键的因素，管理成效很大程度上取决于人的素质。在大数据条件下，高校建立一支高质量的大数据学生管理工作人员队伍，是加强学生管理，完成人才培养任务的根本保证。首先，高校学生管理工作者的队伍应该由专兼结合、多层次的人员组成。这支队伍不仅应当具有较深厚的学生管理理论水平，而且应具有强烈的政治使命感和责任感，不仅应当具有实际的高校学生管理工作经验，而且应具有较熟练使用网络技术和软件开发技术的能力与水平；还要具有新形势下学生管理工作的开拓和创新精神。其次，要建立一套与人才培养相适应的日臻完善的学生工作管理体制，理顺关系，分清职责，加强高校学生管理部门宏观管理和决策职能，充分发挥学生管理人员的主观能动性。最后，要建立培训机制，根据队伍人员的素质、层次特点，实行交叉融合培训，让具有丰富学生管理大数据经验的专门人才培训辅导一些新的学生管理工作一线人员，同样，要加强大数据理论的培训，让有着扎实计算机网络、软件基础的应用人才培训辅导大数据产品的使用，使高校学生管理者能提升其在学生管理与大数据管理优化组合的能力及网上操作的能力，确保高校学生管理大数据建设的深入进行。

（五）依托大数据平台，提升学生管理精细化程度

学生管理工作精细化，是指学生工作不仅要做好，更要做精、做细，精则精益求精，高标准，严要求，一丝不苟；细则细致入微，春风化雨，润物无声。要积极推进大数据技术在高校学生工作精细化管理中的应用，在推进学生管理工作整体高水平、高质量的同时，也要使用大数据技术追求学生个体个性发展，促进学生的全面成才。大数据背景下，学生工作精细化的工作出发点是以学生为根本，因此，在具体工作开展中，应使用大数据手段，注重个体指导，有效提高教育效果。但同时，学生工作精细化又是一种形式，一种目标和态度。要达到精细化的学生工作，就要充分利用大数据平台，做好学生教育工作的精细化、学生管理工作的精细化和学生服务工作的精细化。

（六）加强管理，完善大数据保护体系

高校学生管理大数据作为学生管理工作中的一项重要工程，其设置信息系

统安全等级保护就显得尤为重要。首先，在具体实践过程中，高校应该充分考虑网络信息安全问题，按需购买硬件设备及网络防火墙、入侵检查系统等设备。其次，在各信息系统的使用过程中，应该设置严格的等级权限，给各个职能部门分配各系统的账号同样应该适合该部门的职能和权限要求，没有必要就不应该出现交叉重叠的权限，同时应该提醒各具有管理员权限的工作人员注意保护好账号的安全，以防泄露。最后，应该制定规章制度保护信息的安全，对于因高校内部人员疏忽或者恶意入侵高校信息系统的人员应该予以严厉的处罚，同样，对于私自盗用系统账户的学生也应该加大惩罚的力度，以确保在主观意识上保证学生管理大数据的安全。

四、技术支持体系创新

（一）加大硬件方面的投入是实现学生管理工作大数据的必要条件

计算机、网络的配置是学生管理工作大数据建设的硬件基础，要想真正实现学生管理工作大数据，高校必须加大投入力度，完善信息系统基础设施建设。高校学生管理大数据也要求能够创新应用模式，积极加强新信息技术应用与尝试，试图以已建成的校园网为骨干，依托网络技术和各种大数据系统，重视大数据的实用性功能，整合自动办公系统、无线电信资源，借助网络以数据流的形式在各个角色之间流转与共享。同时，应加大基础设施建设力度，这既要靠高校自身的资金投入，也要靠引入市场机制，通过与大数据企业（如中国联通、中国移动）的合作，全方位提升学生管理大数据水平。

（二）以数字校园、智慧校园为基础进一步推动学生管理大数据建设

在高校，数字化把高校的管理和教学带入一个全新的网络大数据时代，也给高校的学生工作带来了极大的便利。同样，近年来，随着信息技术，特别是信息高速公路的发展，世界各国都已大踏步地迈入网络化、大数据的大门，信息技术的发展和应用，极大地改变了人们的生活方式，也给各行各业带来了深刻的变革。与此同时，大数据的发展开启了智能化的时代。

（三）使用物联网及 LBS 技术创新学生管理工作

保障高校学生安全是目前高校工作的重点，创建平安校园也是目前高校的一项重要任务。但是如何能够在最大限度地为学生提供服务的高校的日常管理中做到学生在校生活的安全，这是目前各高校迫切需要解决的问题。目前，物联网的应用在高校日渐增多，物联网能够借助无线数据通信等技术完成对信息的收集，同时还能对搜集的数据进行进一步处理并发送给用户。在学生日常安全管理工作中，如果能够把相关感应器和识别设备置放在像教室、食堂、图书馆、寝室等学生活动的相关区域，那么一旦学生进入或者离开，手机就会发出相应信息提示或者警告，同样，如果在寝室里安装感应识别系统，那么晚上学生进出寝室就可以通过自己的一卡通实现楼层寝室门的开关工作，极大地便利了学生的日常生活。通过"物联网"，学生管理者可以通过随时掌握学生的准确位置和其他情况起到预防不安全事故的发生的作用。高校也可以把 RFID 读取器架设在教室、寝室门口、大楼入口处、走廊、图书馆和顶楼等地点，同时在每个学生的手机或者饭卡中安装 RFID 标签。这样当学生离开寝室时，学生手机就会通过 RFID 读取器提示今天上课要带哪些书、有哪些活动需要参与。其次，物联网还能给学生的日常学习和生活提供便捷，如当学生到图书馆借书时，通过 RFID 读取器，图书馆的门禁系统也会自动打开，这样不但加强了图书馆的安全，也同样给学生借书提供了方便。而基于位置服务（Location-based Service，简称 LBS），完全可以应用于学生日常的学习和生活，如果说物联网是被动地管理学生，那 LBS 完全可以为学生管理工作的主动性提供便利。

（四）使用新媒体加强学生思想教育

新媒体是在大数据和数字技术支撑体系下出现的媒体形态，其通过计算机网络、无线蜂窝网、卫星等介质，给人们提供诸如数字报纸、数字杂志、手机短信、移动电视、网络、数字电影、触摸媒体等服务。根据新媒体学者所提供的信息，一般认为，新媒体大致分为以下三种类型：第一，互联网媒体，指的是建立在互联网上的各种媒体形式，主要包括门户网站、博客、微博、网络媒体、网络广播、聚合内容、即时通信、搜索引擎、虚拟社区等；第二，以手机为接收终端的媒体形式，如手机报、手机短信、手机电视以及手机上网功能；第三，以数字电视为基础的新媒体形式，主要包括车载移动电视、楼宇电视等，如今，以微博、微信为代表的新媒体由于其交互性、开放性及个性化的特点为人们所钟爱，高校的大学生更是早早加入使用微博、微信的行列之中。在新媒体时代，高校完全可以使用新媒体创新学生思政工作，使用新媒体积极探索新的工作方法，促进学生管理工作的进步。

第七章 大数据时代高等教育教学管理的创新发展

高等教育大数据可以指导教育行业的发展，整合教育行业的数据资源，提炼信息价值，比传统数据具有种类多、数据量大、潜在价值高等诸多特点。因此，全面地掌握大数据资源，可以有效地帮助学校在教育管理方面更精准化、科学化。本章主要内容包括大数据时代高等教育新形式——翻转课堂、大数据时代个性化教育教学管理理念及创新前景两个方面。

第一节 大数据时代高等教育教学新形式——翻转课堂

在大数据时代，信息技术飞速发展，网络的普及极大地丰富了人们获取知识的方法，也促进了教学及学习方式的不断变革。在这一时代背景下，作为创新型教学模式的翻转课堂应运而生，成为国内外教育改革的新热点，为教与学的进一步发展提供了新思路，引领着国内外教育教学模式的变革。

一、翻转课堂的含义与由来

作为一种新型的教学模式，翻转课堂，又称为颠倒课堂，指在信息化环境下，授课教师在课前向学生提供以教学视频为主的学习资源，学生在课前观看和学习教学视频，完成知识的内化，然后在课堂上师生一起完成作业答疑、协作探究和互动交流等一系列活动。

在翻转课堂的教学模式下，学生课前可以随时随地播放视频和课件，学习知识，而课堂就成了师生之间和学生之间互动交流的场所，包括作业的答疑解惑、知识的协作运用等。教师的授课方式得到明显改善，有效解决了传统课堂授课"死板""程序化"的现实问题。因此，从某种意义上说，翻转课堂是对传统教学模式的一种颠覆。

20世纪90年代，美国哈佛大学物理学教授埃里克·马祖尔提出互助教学法，要求学生在课下提前自学课堂内容，而课堂则用来进行师生和生生交流互动，用以解决问题。其教学理念与翻转课堂有异曲同工之处，成为翻转课堂的初探。此外，莫林拉赫、韦斯利·贝克、杰里米·斯特雷尔等人也曾研究并探索过翻转课堂。"翻转课堂"教育理念被越来越多的人所熟知、接受并逐渐发展成当代教育教学改革的一种新趋势。

二、翻转课堂的特征与优势

《2014地平线报告（高等教育版）》中提到，未来1~2年对高等教育产生影响的技术是翻转课堂。随着互联网和计算机技术在教育领域的应用和普及，实施翻转课堂教学模式变得可行。早在很多年以前，就有人利用视频实施教学，并对此进行过探索，如20世纪50年代，世界上一些国家进行的广播电视教育就是很好的例证。为何当时的探索没有给传统教学模式带来深刻的影响，而翻转课堂却备受关注呢？这是因为翻转课堂有如下几个鲜明的特点：

第一，翻转课堂"先学后教"的教学模式有助于培养学生的自主学习能力。在翻转课堂教学模式下，教师将教材内容的重难点浓缩成15分钟左右的微视频，学生在课外或回家观看教师的视频讲解，在此过程中，学生可以根据自身掌握程度来安排和控制自己的学习进度。学生自己控制观看视频的节奏快慢，并可依据自己对知识的消化吸收情况来快进、跳过、回放、暂停或重播视频讲解，遇到重难点内容，也可中途暂停仔细思考或做笔记，遇到自己无法解决的难题，学生甚至可以通过聊天软件向教师和同学寻求帮助。这种学习模式一方面消除了学生的紧张情绪，可以在轻松的氛围中学习，另一方面也改变了传统教学模式单方面传递知识的弊端。学生角色则更加突出学习的主体性和必要的主动性，需要学生主动操作和思考，如果学生没有一定的主动性，翻转课堂中的学习环节就无法进行。

第二，翻转课堂明确了教师的角色与定位，增加了学习中的互动。在翻转课堂教学模式下，教师的角色转变成导师，完成了从"演员"到"导演"的转型。此外，翻转课堂还使教师集"编、导、演"于一体，给教师的职业发展带来新的机遇和挑战。为了满足翻转课堂教学的要求，教师必须具备更高、更强的专业素养，如教学设计能力、课堂组织能力、视频录制能力和信息技术能力等，这些都对教师提出新的要求并对其专业发展和职业素养产生积极影响。教师不只是知识的权威传授者和课堂管理者，还需要帮助学生理解问题并指导学生运用知识。教师转变成了协助学生自主学习、解惑释疑的指导者和促进者。

翻转课堂最大的优点就是极大地增强了课堂互动性，这具体表现在其加强了教师和学生以及学生和学生之间的互动。教师从内容的呈现者转变为学习的教练，有更多时间与学生交谈，回答学生的问题，从而对每个学生的学习进行个别指导。教师与学生的角色发生了极大的变化，教师不再单纯是学生的"领导者"，学生也不仅仅是教师的"接受者"。在全新的授课模式下，教师与学生建立了长效的合作伙伴关系，教师及时解决学生的学习困难，对学生提出宝贵的学习建议，帮助学生独立探寻更加有效的学习方法。

第三，翻转课堂加强了学校、教师与家长的交流。以往，家长最关心的问题是孩子的在校表现，如是否安静上课、是否积极回答问题、是否影响其他同学等，而这些被公认为是所谓"学习好"的学生的特征。在翻转课堂模式下，这些都不再是最重要的问题。相反，家长在意的是孩子是否学到了东西、是否能积极主动地学习、教师能为学生的主动学习提供什么帮助等。这些问题会改变学校、教师和家长之间传统的交流方式，把他们通过新的交流方式紧密地联系在一起，从而使学校、教师和家长的角色都发生变化。学校负责营造良好的学习环境和氛围，教师负责指导和促进学生自主学习，而家长则需要督促学生的在线学习，并有效管理学生合理地利用网络资源。

总之，作为一种新的教与学的模式，翻转课堂从根本上改变了教师组织课堂教学的方式，打破了教学领域长期以来存在的积习，对教师和学生而言都是一种挑战。

三、翻转课堂的反思与展望

在现代信息化时代，作为一种创新型教学模式，翻转课堂顺应我国教育信息化改革的潮流。国内一些学校也在教学过程中践行翻转课堂的理念，如重庆市的"三翻、四环、五步、六优"翻转课堂流程、山西省的"半天授课制"、山东省的"271教学模式"、上海市的后"茶馆式"教学探索等。我们通过借鉴已有的翻转课堂研究成果，可以指导未来教学研究，促进翻转课堂的理论发展与实践应用。

翻转课堂研究虽然已经取得了一些成就，但也存在一些不足之处，主要表现在如下几个方面：

一是翻转课堂尚处于探索阶段，其研究成果多为经验总结，没有达到较高水平的系统化阶段，因此其理论化和系统化水平还需进一步提升。二是翻转课堂现有的研究成果主要反映在高等教育阶段，因此还需进一步加强其在基础教育阶段的研究。三是翻转课堂研究方法单一，主要是思辨研究方法，缺乏实证研究。

为促进翻转课堂这一教学模式的进一步发展，未来的研究与实践应注意以下几方面：首先，进一步探讨深化翻转课堂教学模式研究、教学设计研究和应用研究。其次，采用多元化研究方法，尤其要加强实证研究，如观察访谈、问卷调查、案例分析等。最后，加强对基础教育阶段翻转课堂教学实践的应用研究。

翻转课堂是一种新型的、充满活力的教学组织模式，有助于构建和谐的师生关系，提升学生的自主学习能力，形成良好的学习氛围，实现因材施教的目标和帮助学习者对知识进行内化和吸收。在实际应用过程中，翻转课堂在一些课程建设中已经取得了不俗的成绩，但是其在观念、体制与习惯方面仍存在重重的阻碍。因此，为适应大数据时代的要求，教师要转变传统授课观念，以学生自主学习为主，将学生的在线学习与师生课堂互动教学有效结合。相信在不久的将来，翻转课堂会成为广泛采用的教学模式。

第二节 大数据时代个性化教育教学管理理念及创新前景

大数据革命是一场正在发生的信息革命,它同时也是一场认知革命,并将为我们带来生产、生活、认知等全方位的大变革。运用大数据实施个性化教育教学,是大数据时代教育发展的必然方向和选择,对于及时、准确把握学生特征和规律,动态提升教育教学质量,实施有针对性的教育引导方式和策略,培育大批具有创造力的高素质人才队伍都具有重要的意义。

一、大数据时代个性化教育教学管理理念及其重要意义

(一)个性化教育:大数据时代的一个教育新理念

近年来,随着大规模在线课程、微课等兴起及翻转课堂、混合式学习等新型网络教育方式的应用,教育生态和学习环境都发生着深刻变化,个性化教育成为各国政府和教育界关注的共性话题和研究热点。

早在2012年,美国教育部发布的《通过教育数据挖掘和学习分析促进教与学》报告就指出,通过大数据建模,发现学习者学习结果与学习内容、学习资源和教学行为等变量的关系,实现学习者行为的大数据可视化,以提升教育质量和预测学习者未来的学习趋势。由此看出,运用大数据开展个性化教育,已成为高校在网络信息化时代提升教育质量、推进教育教学方式方法变革的新潮流,也成为我国教育教学在大数据时代进行课程优化改革和提升教育质量的新方向。

2013年被称为"大数据元年"。大数据正在改变着人们观察和把握自然界、社会与人的心理世界的思维方式和实践方式,成为人们获得新知识和创造新价值的源泉。根据国际数据公司对大数据特征的界定,大数据的特征可分为四个方面——海量的数据规模、快速的数据流转、动态的数据体系、多样的数据类型和巨大的数据价值。在教育方面,其表现形态可分为学生网络学习课程、课堂教学在线测评、网络在线测试等结构性数据信息,以及网络文本、视频、行为记录、图片以及日常管理、网络活动等非结构化的、无法用传统的方法进行

处理的海量数据。运用大数据技术挖掘和分析这些不同形态的大数据集合，成为科学认识和把握学生在网络空间思想行为规律的数据资源和实施个性化教育的可靠依据。

个性化教育是依据学生成长规律因材施教，满足创新型人才发展的社会需求，运用大数据对学生网络思想行为进行挖掘和分析，以可视化的方式呈现学生个体或群体思想行为的特征、问题、规律和趋势，实施有针对性、个性化教育策略，以激发个体的内在潜能和促进全面发展的教育。个性化教育作为大数据时代一种教育新理念，通过大数据、云计算技术等数据密集型知识发现方法，科学分析和把握学生思想行为新特征、新规律和新趋向，积极开展个性化学习和精准化管理服务，实施以学习者为中心的个性化教育，让大数据真正成为支持教学变革、提升教学效能、促进学生发展的新工具，从而推进教育教学发展，这具有重要的理论和现实意义。

（二）运用大数据开展个性化教育的重要实践意义

首先，就教育学科发展而言，运用大数据推进不同学科教育教学的量化研究和实证性研究，为教育政策制定和课堂教学优化提供科学支撑。

运用大数据服务和优化教育教学，是教师准确了解和把握学生思想状况、学习问题和发展变化的客观要求。在当前大数据时代，一方面，基于大规模在线学习，学生日常交往和活动已经部分实现网络化，大数据能够基于网络学习的众多数据进行学习成效和学习过程分析，系统刻画学生个体或群体的知识理论把握程度、理想信念坚定程度、在线学习效果和反馈程度、校园热点等，从而推进教育教学向可量化、可视化、实证性的方向转型。另一方面，基于各学科教育教学内容、课程载体、学习环境等要素的数字化和网络化环境，我们需要应用新的研究方法和技术对学生学习、日常管理等大数据进行挖掘和分析。这对于实现高校学生个体或特定群体的实质性研究和量化研究的结合，实现学习过程可视化和学习成效可量化，进行教学质量的实证性研究，进而制定差异化、个性化的教育路径，提高教育决策科学化和学生学习发展的可预测性，提升教育教学科学化水平具有重要意义。

其次，就教育对象而言，运用大数据科学分析学生网络思想行为和规律，对于创新教育个性化实践路径具有重要的现实意义。把握教育者思想特点和规律，进行因材施教和有针对性的引导，是教育学的基本规律之一。根据对学生网络行为的大数据挖掘分析结果，分析学生个体或群体的价值倾向、理论困惑和多维度需求，精准描述学生的课程难点、思想困惑、个性需求、学习过程、精神需求、心理问题等立体"学生画像"，准确把握和描述学生网络思想行为特征和规律，对于提升教育教学质量具有重要意义。

最后，就教学内容而言，运用大数据开发面向不同层次学生需求的数字化学习资源系统，激发学生的学习兴趣，促进学生的全面发展，对于契合大数据时代的学生多样化需求和实施因材施教的教育策略都具有重要的意义。当代学生具有差异化、特质性、自我体验和自我成长设计的思想行为特点，根据这些特点运用大数据对学生需求进行精准定位和分类，实现教育内容的数字化和以学生需求为核心的学习资源开发的个性化，对于激发学生学习积极性，使其体验自我超越，启发和唤醒其内在的心智潜能，促进其全面发展都具有重要的现实意义。

二、大数据时代个性化教育实践路径创新

在当前的大数据时代，全球化背景下多元文化交流、社会思潮涌现并存的网络环境中，如何开展个性化教育，是一个崭新的理论和实践课题。结合多年实践经验和理论思考，下面笔者着重从数据平台建设、团队建设、学习资源开发和个性化教育网络环境构建等层面阐述个性化教育的具体实践路径。

第一，建立校园一体化的教育大数据平台，实现对学生数据的挖掘和分析。基于大数据分析的可视化"学生画像"实现高校学生分类分层和实施定制式、个性化的教育教学策略。建立高校学生学习、互动和日常管理服务的一体化教育大数据平台。通过对海量数据的采集、挖掘、加工、汇总、整合、存储和分享，为多学科教育教学和政策制定提供坚实的客观数据支撑。在学生学习方面，通过在线教育学习过程、课堂师生网络互动、网络问卷等关键性数据采集方式，以及教务处、后勤部、图书馆等日常管理服务机构的大数据整合，构建一体化的大数据库，能够实现对学生个体学习过程、学习难点、质量评价、学习路径

和需求性网络学习资源等全面勾画和呈现，同时能够基于前一阶段学习成绩、学习行为数据轨迹等大数据分析，精准预测和研判学生下一个阶段的学习成绩和挂科预警，实现对学生个体或群体学习过程的数据化分析。

第二，组建教育大数据团队，实现"学生画像"。学校以教学应用部门为核心组建大数据技术队伍、课程教师应用队伍及教务处等相关部门服务队伍，基于对学生学习、日常管理等大数据的挖掘分析，构建反映学生学习不同维度的数据模型，刻画学生成长、成才的专业知识把握、能力需求、理想信念、思想困惑、就业需求、心理问题等多维度"学生画像"。同时，根据高校学生个体或群体的差异性、需求多样性，开发以满足学生专业和思想需求为核心的网络学习资源系统，实施信息推送服务和学习资源定向推荐，通过师生网络互动交流、专业分析或调研报告互评、网络主题论坛或交流会、社会实践等方式，开拓个性化的教育新路径。

第三，开发以学生需求为中心的个性化学习资源系统，大力实施翻转课堂、混合式学习等教育教学新方法，创新面向个性化学习成效的多元评价系统。实现从"以教师为中心"到"以学生为中心"的转变，是大数据时代个性化教育的重要特征。一是创建多类型的网络学习资源系统。基于学生学习教育大数据分析，明晰学生个体或群体的不同需求，确定学生学习的难点、理论困惑和兴趣方向，组织和整合文本类、视频类、音频类、图片类等学习资源，根据学生的学习轨迹和偏好，开发个性化网络学习系统。二是大力倡导教师实施翻转课堂、混合式教学等网络教学新模式。根据大数据分析"学生画像"，教师在课前通过网络学习社区或在线教育进行个性化教学内容和信息推送。针对课堂学习大纲和知识难点，学生自行组织网络学习和开展在线思想交流互动。在课堂教学过程中，教师侧重开展讨论、实践过程展示、主题演讲等多种教育和学习活动，重视参与式、体验式的个性化教育，使每位学生在团体中获得价值的认同感和精神成长的成就感。三是建立多维度的科学评价体系。大胆改革传统的以考试成绩为主的测评体系，建立适应大数据时代的多重维度的评价体系，评价维度包括专业知识、实践能力、政治观、人生观、价值观、心理素质等方面以及结合网络实践展现的多样性实践成果，设置不同因素的权重系数和创建评价分析的数据模型，使教育质量评价模式从传统"单向度"评价模式向"多向度"

模式转变，更适合对"人的全面发展"理论的实践和运用。

第四，积极构建校园泛在网络学习环境，鼓励学生自行组织学习和互动在线学习研讨。泛在学习作为网络信息环境下每时每刻都需要的沟通形式，无处不在的学习方式，具有持续性、交互性、可获取性、主动推送性和服务性以及教学行为场景化的网络在线教育优势。建立泛在网络学习环境，通过网络，尤其是移动网络、新媒体、手机应用程序等构建即时性、交互性的学习交流和分享的数字化学习资源环境。尤其是国内外高校中的"慕课"学习资源，这是一种个性化学习资源和翻转式教学等多方面资源构成的支持服务系统。高校学生可在课前根据授课提纲进行自主网络学习，或在线咨询探讨，或在课堂上师生共同利用网络资源进行场景式的探讨和分析；课后针对课堂学习任务，可自己利用网络组建以问题为导向的学习小组，进行问题解疑和思想分享，从而拓展学生以课堂学习为主的学习资源和学习方式，激发学生学习兴趣和热情，并提高教学质量。

第八章 大数据背景下高校综合管理创新实践

高校治理作为构建现代教育治理体系的重要内容，是推动现代教育治理改革的关键部分，对推进高校治理现代化进程具有重要意义。

大数据时代的到来，带来了数据的广泛应用，高校治理必须积极应对大数据时代的到来，创新治理方式，运用数据治理提升治理水平，推进治理能力现代化。

第一节 高校治理及数据治理研究综述

一、高校治理研究综述

从"管理"转向"治理"是高等教育的重大转变，是公共权威为实现公共利益而进行的管理活动和管理过程。高校治理是教育治理不可或缺的内容。当前，我国高校治理研究主要集中于高校制度建设、治理结构、治理体系、运行机制、治理能力现代化等方面。

（一）高校制度建设

高校制度建设是高校治理的基础，是我国深化教育领域综合改革的重要内容。高校制度建设是指建立与当下政治、经济、文化背景相适应，能处理政行企校及高校内部复杂关系，符合培养社会需求的高端人才规律的一系列规则体系，包括高校制度的制定、执行与评估三个方面。现有研究认为可以从制定学校章程、优化高校治理结构、推进校企合作制度化建设三方面着手推进高校制度建设。

第一，制定和优化高校章程。高校章程是高校自主管理的基本依据，是现代学校制度建设的重要载体。高校的章程制定需要从学校当下发展状况出发，符合现代教育可持续发展的需要，协调多元主体的利益关系。

第二，优化高校治理结构。优化高校治理结构是高校制度建设的核心内容之一。高校治理结构建设要在遵循学校制度建设基本规范的基础上，积极学习国内外优秀经验。

第三，推进校企合作制度化建设。为了确保校企合作的顺利推进，需要建立科学有效的保障机制，如自上而下的协调机制、专业教学指导委员会等，还需要建立健全激励机制，鼓励企业参与到校企合作中来。

（二）高校治理结构

高校治理结构是指高校处理多元利益主体关系及学校内部权利配置的一系列制度，是高等教育治理的核心内容。对于高校治理结构的内涵，不同学者从不同角度进行了界定。肖凤翔等认为高校具有普通高等学校和职业院校的双重特点，职业院校的治理结构不同于一般的普通高等学校，应突出职业教育的特点，符合职业教育发展规律。张海峰等认为高校治理结构的构建应以决策民主化、组织扁平化、管理跨界化、行为法治化为目标，并遵循完善二级管理体制等路径，协调学校、政府、行业、企业之间的关系。高校治理结构包括内部治理结构和外部治理结构，其中，高校内部治理结构包括学校权利分配、人事任免与资源配置等方面，高校外部治理结构是高校与政府、行业、企业、社会组织之间各种关系的体现。

（三）高校治理体系

高校治理体系是一个具有现代性特点的开放系统，是实现教育现代化的工具和手段，是教育现代化过程中的应有之义，是一种学习过程和动力机制，有其独特的实现路径。构建高校治理体系要从明晰治理理念、健全治理制度机制、优化治理结构、改善治理文化四个方面出发，关注多元价值诉求，着眼于区域经济社会发展需求，以实现民主性制度、协调性价值、规范性运行、开放性结构、效率性实践为目标。南旭光认为当下我国高校治理体系建设面临着治理主体对治理价值认知不到位、治理手段落后、治理实践手段不适应当下经济社会发展需求、治理制度不健全、治理主体参与性不高、治理体系与治理能力现代化目标差距较大等问题。周建松等认为高校治理体系现代化是高职教育创新发展的基础性保障，是构建现代职业教育体系的重要支柱，应通过实现高校治理体系现代化促进高校治理机制日趋完善。

（四）高校治理运行机制

高校治理能力建设不仅要构建高校治理制度和治理结构，还需要强化运行机制建设。高校运行机制建设的目标是提升高校治理能力与治理效率，有效的高校治理运行机制可以提升高校治理能力。当前，我国高校治理机制尚不健全，影响高校治理的效果。现有研究从不同视角探讨了高校治理运行机制存在的问题：院校权力分配视角上，我国高校运行机制实行的是党委领导下的校长负责制，"党委领导"和"校长负责"是高校领导体制中密不可分的两个方面，但具体工作中可能一定程度上存在相关权力与责任划分不清的情况，导致高校治理制度和治理结构存在不少问题，高校治理能力弱化；高校演进视角，我国高校治理结构因外部制约因素过多而影响治理实践，又因内部治理结构过于封闭而影响治理创新；高校发展特点视角，我国高校内部治理组织结构松散，治理理念较为陈旧，不适应社会经济发展速度；法人治理视角，我国高校治理的法人制度不健全，组织机构较为臃肿，学术权力与行政权力相矛盾。

（五）高校治理能力现代化

高校治理能力现代化是实现国家治理能力现代化的重要举措，包括治理体制现代化、治理体系现代化、治理政策现代化、治理评价现代化等方面。学者们对高校治理能力现代化的内涵开展了系列研究。雷世平等提出高校治理能力是高校协调多元利益主体关系及实现高等教育事业发展进步的能力；高校治理能力现代化指高校为了适应现代社会发展要求，推进高校多元治理能力保持协调与进步，提升治理实效的动态过程，包括多元化的治理主体、民主化的治理方式、体系化的治理制度、协同化的治理环境及统筹化的治理手段等方面。张衡宇等指出应通过优化学校内部治理体系、协调政校行企相关利益、推进基层民主管理、强化学术权力治学功能等手段，补齐短板，打破瓶颈，推进高校治理能力现代化建设。张良认为应辨析治理与管理的差别，从高校治理能力现代化的内涵与特征出发，更新理念、健全制度、提升素质、创新手段，全面推进高校治理能力现代化。

高等教育治理体系现代化是教育治理现代化的重要组成部分之一，是我国教育发展的迫切要求，也是实现高等教育能力现代化的基础。要推进高等教育治理体系现代化，必须立足于中国特色社会主义制度，充分考虑我国高等教育发展国情，明确高等教育治理体系现代化的内涵，依据现代治理理念和教育发展规划，针对高等教育中存在的突出问题，从理念、模式、主体、制度、组织、机制等方面探寻推进高等教育治理体系现代化的实现路径。

二、数据治理研究综述

数据既是数字政府的业务要素和数字国家的竞争力要素，也是数字经济的生产要素和数字社会的基础设施要素。当下，数据治理是全球数字治理领域的热点话题。开展数据治理，可以释放数据新动能，提高数字产业集群的国际竞争力，提升国家数字治理能力现代化水平。应加强数字政府、数字经济、数字社会建设，推动数据资源开发利用，提升公共服务、社会治理的数字化智能化水平。

（一）数据治理的概念界定

三大国际标准组织的在线术语标准库对数据整理给出了4种不同定义，这4种定义涉及了大数据参考框架、数据质量及健康信息等不同领域，并在不同程度上被欧盟、美国、英国、丹麦、澳大利亚及加拿大引用，具有一定的权威性。其中，第一种定义来源于《健康信息学医药产品鉴定维护标识符和术语的核心原则》，将数据治理定义为"以数据质量、可用性、一致性、可及性及安全性为核心的数据管理过程，该过程与数据所有权和数据管理责任相关"。此定义下的数据治理可以保证数据具有安全性、可用性、一致性与可及性。第二种定义来源于《信息技术大数据参考架构第三部分：参考架构》，从数据资产管理角度出发将数据治理定义为"以设计、实施、监控数据资产管理为目标，协调实施一系列活动的能力"。第三种定义来源于《数据质量第二部分：词汇表》，将数据治理定义为"以责任、战略、绩效、接受、行为及协同为原则，开展数据管理政策的制定与执行"。第四种定义来源于《技术规范 DZI 物联网和智慧城市及社区数据处理和管理框架》,将数据治理定义为"设计、实施和监控一项数据资产管理计划的所有活动过程"。综合国际上这 4 种数据治理的定义可以得知,数据治理是对数据管理活动所开展的评价、指导和监控等一系列活动,包括政策的制定与实施、明确数据管理责任、确立数据所有权等。

(二)数据治理的内容研究

数据治理的内容研究主要围绕数据治理的政策和标准、数据质量、数据隐私和安全等方面展开。

第一,数据治理的政策和标准研究。美国有关数据或信息技术的法规、美国健康保险流通等,这些法规都要求提供真实、精确的财务报告。我国也已开始在各个领域制定数据标准,这对各行各业都具有重大意义,如在科研数据管理服务中,科研数据标准建设可以有效提高科学数据的规范程度。

第二,数据质量研究。国外早已围绕数据技术层面开展了很多探讨,这些探讨大多从继承产品质量框架下的管理视角展开。例如,弗里德曼提出数据质量是数据治理的关键因素,能对业务过程和数据报告产生重要影响;海德认为从短期来看,数据治理可以提高数据质量,从长期来看,数据治理可以持续完善和优化数据质量。国内研究主要聚焦于数据质量技术的提高和评估,其中,数据质量技术提高的关键是模式和实例,数据质量评估的关键是如何具体地评估各指标维度。

第三,数据的隐私和安全。国外研究中,有学者认为通过数据治理,可以实现对数据的持续监控和评价,从而降低数据风险;特罗普等认为数据隐私和数据安全事关信息质量,应提高数据安全策略的标准。国内研究中,刘子龙等从理论基础、研究层次、研究方法、技术背景和研究主题等方面,对国外信息系统领域信息隐私的研究进行了分析和归纳;陈火全分析了大数据时代的隐私危机,认为数据治理的网络安全策略需要建立网络安全性的信誉机制和社会信誉机制,并在研究基于信誉机制的 P2P 网络安全策略的基础上,提出了大数据背景下数据治理的网络安全策略。

第二节 数据治理：高校治理方式的创新

教育治理是国家治理的重要组成部分。高校治理则是教育治理不可或缺的内容。高校必须不断创新治理手段，提升治理能力。这既是建设中国特色高水平高校的需要，也是推进我国教育现代化的需要。大数据时代的到来，带来了数据的广泛应用，数据治理正在成为组织治理的一种新的治理方式，这给高校治理带来了机遇与挑战。高校治理必须积极应对大数据时代的到来，创新治理方式，运用数据治理提升治理水平，推进治理能力现代化。

一、高校数据治理的概念界定及相关研究

（一）高校数据治理的概念界定

国际数据管理协会（DAMA）将数据治理定义为对数据行使计划、执行及监控等一系列活动的集合。数据治理委员会将数据治理定义为组织和管理信息并回答问题的能力，譬如从哪里获得数据、数据是否符合相关规则和政策，并认为数据治理能够提高决策者的决策信心和运营能力。

高校数据治理是将高校治理和数据治理这两个概念组合起来而形成的合成概念。概念合成理论认为每个合成概念都由两个及以上输入空间、一个类属空间和一个合成空间组成，所有输入空间的共有信息和结构被投射到类属空间中，同时所有输入空间通过跨空间的部分匹配和映射有选择性地投射到合成空间中，四个空间之间通过投射互相连接起来，构成一个合成概念。按照概念合成理论的解释，需要通过激活旧联系、激活新联系，把高校治理与数据治理这两个概念创造性地连接起来，并通过重组和整合赋予高校数据治理这个概念新的内涵。具体来说，在输入空间里，高校治理这一输入空间是把高校作为治理对象，通过治理来促进高校的发展；数据治理这一输入空间是将数据作为治理对象，通过数据治理促进管理水平的提升与优化。在合成空间，数据是高校治理的工具和方法，也是高校治理的对象。所以，高校数据治理这一合成概念可以理解

为把数据视作高校治理对象的同时，也将其看作一种工具，通过把更多的治理数据纳入高校治理过程，从而实现高校治理能力的提升。

（二）高校数据治理的相关研究

数据治理研究起源于企业，国内学者于 2014 年左右开始开展数据治理在教育领域的应用研究。当前国内关于教育数据治理的研究主要集中在两个方面，一是教育数据治理的重要性及面临的挑战研究。许晓东等认为数据治理可以提高大学的管理效率、教学质量和决策科学性，并将高等教育数据治理划分为数据的获取、抽取、整合、分析、解释和预测这几个阶段。王英彦等分析了教育大数据在高职教育中的价值，并提出从教育大数据角度出发构建高职教学决策体制以提高高校的教学质量。另外，一些学者探讨了教育数据治理面临着数据意识薄弱、制度不足、共享障碍、数据庞杂混乱、人才缺乏等挑战。二是教育数据治理体系和治理途径研究。有学者从数据的搜集、整理、分析、应用、推送、共享和反馈等方面探讨大数据与教育治理的契合之处，提出了树立大数据治理思维、建立治理评价指标、推进数据共享共生、保障数据信息安全等教育数据。

也有学者提出将区块链融入教育治理结构，从区块链赋能视角出发引入学校、教师、学习者、企业等利益相关方参与教育治理，以期实现教育治理结构的创新。

国外不同国家的教育治理模式的侧重点不同，可以分为以下三种模式：第一，偏重市场主导，推进市场竞争，从而获得优质教育效果；第二，偏重政府主导，重视教育公平；第三，偏重多方主体互联，鼓励社会性非营利组织参与教育治理。在这三种模式中，偏重多方主体互联形式的教育治理强调多元治理主体的沟通交流，鼓励社会力量尽可能多地参与教育治理，并可以根据社会需求，及时调整课程体系和授课内容，该模式已在北欧一些国家的实践中取得了较为满意的效果。

目前关于高校数据治理的研究还很少，已有相关研究主要从大数据与教育治理相结合的角度开展讨论，如南旭光等认为职业教育治理必然将转向数据治理模式，并提出大数据驱动职业教育治理的学理逻辑表现为转变决策模式和治理思维、完善运行机制和管理体制、强化行为分析和事件预测等方面。数据治理是一种治理方式的革新。面对大数据时代的到来,高校治理如何运用数据治理,创新治理方式,提升治理能力还有待深入研究。

二、高校数据治理的必要性

教育治理关注学校、社会、行业、企业等主体间权利、义务与利益的分配。开展教育治理有助于提升教育普及度,缓解教育不公平现状,加速教育创新,提高教育质量。教育治理是现代教育顺利发展的重要保障。高校治理成效直接影响着学校的发展水平和发展质量。提高高校治理能力是高等教育深化综合改革的重要内容,也是适应国家治理改革而进行的自我革新。数据治理是一种新型的治理方式。面对大数据时代的到来,无论是治理需求层面、技术发展层面,还是政策驱动层面,高校治理转向数据治理新方式都将成为一种必然。

(一)治理需求层面

重视高校治理能力建设,有利于改善人才培养结构,促进高等教育发展。当前,高校治理决策存在着欠缺科学性、实效性、精准性等问题。数据治理作为一种新的治理工具,能有效地促进高校治理能力提升。

第一,数据治理可以提高高校治理决策的科学性和实效性。高校作为独立的法人实体,拥有较大的办学自主权,传统的信息传递途径不足以支持高校面对和处理各种压力、竞争和挑战。依靠大数据及时获得各类信息资料可以实时为高校的决策、战略规划和日常管理提供支撑,同时能为高校提供大量的其他院校成功的治理经验和模式,从而提高高校治理决策的科学性和实效性。

第二,数据治理可以提升高校治理执行的精准性和时效性。我国高校治理多属于经验性的,缺乏支持决策的数据,易导致决策质量不高甚至出现决策失误。有些学校在数据采集过程中,由于采集时间过长等原因而不得不中止此项工作,学校负责人只能凭借有限的信息做出经验性决策;有些学校虽然成功采集了学生管理、教师发展及学校教育教学相关数据,但是由于缺乏高效利用数据和解释数据的方法,导致无法将数据转变为决策支撑。这些情况都说明高校要进行治理方式转型,将数据治理作为一种新的治理工具,以提升高校治理的精准性。

（二）技术发展层面

大数据时代已经到来，大数据对社会各领域的发展都产生了深刻影响，为各行各业注入了新鲜强劲的动力。同样，大数据时代新技术的不断更新和发展也为高校治理带来了新的机遇和挑战。

第一，数据技术发展为高校数据治理的实施提供了技术可能。大数据具有数据容量规模大、信息更新速度快、社会公开程度高等特点，大数据的高速发展为高校开展数据治理提供了全新的机遇。一是大数据将为高校治理提供先进的信息资料获取路径。在大数据时代，各类信息都将通过"互联网+"的形式进行传播和公开，高校能在大数据的海洋里吸收、筛选和传输各类信息，这将极大地提升高校治理的资源获取和信息传输能力。二是大数据将为高校治理提供高效的数据痕迹保留手段。在大数据时代，高校教育教学的所有活动痕迹都能以数据形式保存下来，所有治理主体的相关信息也会形成数据，这将提升高校治理的透明性和公开性。数据采集、清洗、保存、可视化等数据技术的日益成熟和发展使高校数据治理具有了先进的技术保障。

第二，数据技术发展对高校实施数据治理提出了客观要求。新技术的发展一方面为高校数据治理提供了技术基础，另一方面也客观地要求高校必须适应大数据时代新技术发展的要求。在大数据时代，高校治理必须紧跟数据技术的发展，积极推进数据治理，将数据技术运用于高校教育教学的各个环节，充分发挥数据在高校治理中的作用，全面提升高校数据治理能力。否则，高校治理将落后于时代发展，将受制于新技术带来的制约。

（三）政策驱动层面

政策具有极高的权威性，能有效驱动社会组织顺应政策指向。高校作为一类重要的教育组织，理应顺应国家政策驱动。近年来，我国对推进治理能力现代化做出了战略部署，也对推进数据运用提供了政策指引，这些政策聚集于高校治理之上，共同驱动高校治理转向数据治理。

第一，国家提升治理能力的政策驱动着高校实施数据治理。教育治理是国家治理的重要组成部分，在国家治理现代化改革的政策驱动下，不断推进治理体系和治理能力现代化。

2019年，《国家职业教育改革实施方案》提出要建设中国特色的高水平高校，也要求高校不断提升治理能力。大数据时代的到来为高校实施数据治理提供了技术条件，数据治理也就顺理成章地成了高校治理的当然选择。

第二，国家推进数据运用的政策驱动着高校顺应数据技术发展。

2015年，中共十八届五中全会首次提出"国家大数据战略"，随后，国务院于2015年印发了《促进大数据发展行动纲要》，工信部于2017年印发了《大数据产业发展规划（2016—2020年）》。大数据作为国家基础性战略资源，在带来技术和产业革命的同时，也必将带来教育治理的深刻变革。2020年，中共中央、国务院发布的《关于构建更加完善的要素市场化配置体制机制的意见》提出要构建和规范教育领域数据开发机制，明确了数据这一新型要素对教育发展的重要性。教育大数据建设能为教育治理体系和教育治理能力现代化提供重要数据基础和决策支撑，也是促进教育教学改革和提升教育治理水平的新途径。

三、高校数据治理的内在机理与外在样式

相对于其他治理工具，高校数据治理有其独特的内在机理与外在样式。其中，内在机理是高校数据治理的理论核心和技术支撑，外在样式是高校数据治理必须遵循的基本范式。

（一）高校数据治理的内在机理：数据—信息—策略转换模型

数据治理作为高校一种新型治理方式，其内在机理表现为数据—信息—策略转换模型。具体来说，高校数据治理的内在机理是将客观数据转换为信息，再将规律化和结构化的信息转换为治理决策。这种内在机理的运行可以分为以下三个阶段：

1. 内在机理运行的第一阶段：数据的感性认知阶段

在此阶段，治理主体可以通过客观数据获取感性认识。高校数据治理中的数据分为高校内部数据和高校外部数据。高校内部数据指高校教育领域内的数据，包括高校的学生数据、教师数据、科研数据、财政投入、硬件设施数据等。高校外部数据指与高校相关的非高职教育领域的数据，主要包括国内生产总值、

城镇就业率、产业结构等。无论是高校内部数据还是高校外部数据，都是对高校自身及与其相关领域的客观反映。这些数据可以有效帮助高校治理主体获得对高校发展的感性认知，但这并不意味着仅仅依靠这些数据就可以对高校实施数据治理。

2. 内在机理运行的第二阶段：数据的信息化转换阶段

在此阶段，治理主体可以通过厘清和分析数据间的联系，将客观数据转化为有效信息。例如，如果将 A 高校近几年各专业的招生数据与国家产业发展及人才需求状况联系起来，建立模型进行统计分析与预测，就可以预测未来几年各专业的人才需求状况。还可以根据需要在模型中加入地区、性别等变量，全方位预测高校各专业的就业情况。在这个过程中，我们对数据进行筛选和整理，并将有联系的客观数据综合起来转化为有效信息。但是此阶段仍不能为治理主体提供明确的治理策略，还需要进一步将信息转化为策略。

3. 内在机理运行的第三阶段：信息的策略化转换阶段

在此阶段，治理主体可以通过对获得的信息进行理性化处理，进而做出治理决策，即将客观数据转化为有效信息后，通过进一步对有效信息进行分析，探求高校治理的规律性认知，辨别高校治理的共识与分歧，最终将感性认知转化为理性认知。例如，在建立模型预测了 A 高校各专业的就业情况后，进一步对学生的专业预期、相关专家对该专业发展的研究成果展开分析，然后，在此基础上做出治理策略安排。可见，数据治理的内在机理就在于通过数据的信息转换，进而转换为理性认知，最后为高校治理决策提供依据。

（二）高校数据治理的外在样式：以数据系统为核心的多元利益主体协同运行

与传统治理工具或方法相比，高校数据治理将原来政府由上而下的垂直管理转变为政府、学校、社会和市场等多元利益主体以数据系统为核心所构成的协同运行的新型治理机制。这使得高校数据治理在外在样式呈现上表现出以下三个主要特征：

1. 外在样式呈现的突出表征：以数据系统为核心

数据系统是指高校数据治理中的数据处理中心。高校数据治理所需要的数据都存储在数据系统中，通过数据系统可以完成数据的查询、整理、清洗和可视化等数据处理。在高校传统治理中，政府占据着主导地位，社会和市场是高校治理中的要素性主体，政府掌控着高校的人才培养结构与规模，社会、市场与高校之间的治理关系较为微弱。引入数据治理后，高校治理体系的核心是数据系统，政府、社会和市场均以数据系统为核心参与高校治理。高校数据治理的外在样式在表征上将突出呈现为以数据系统为核心。

2.外在样式呈现的参与主体：包括政府、学校、社会和市场等多元利益主体

在以数据系统为核心的高校数据治理的外在样式中，高校与政府、社会和市场之间的关系将以数据系统为核心而形成，政府将不再是高校治理的唯一主导主体，社会和市场等要素性主体在高校治理中的地位和作用会得到极大的提升，其享有的权利与承担的义务也将更加丰富。高校数据治理的外在样式在参与主体上将呈现出政府、学校、社会和市场等多元利益主体的共同参与。

3.外在样式呈现的运行模式：以数据系统为核心的多元利益主体协同运行

在高校数据治理的外在样式中，以数据系统为核心能有效地将高校治理的多元利益主体有机地联结在一起，并以共同治理为基础形成一体化的远程共同体。在高校数据治理中，居于核心地位的数据系统，能在获取互联网数据时及时进行数据流式处理而对数据进行归类、整理和存储。高校各治理主体可以通过数据系统处理的数据信息及时监测高校运行的各项指标，实时远程做出治理行为。高校的所有治理主体都可以通过数据的流式处理实时监测高校运行及其运行环境的动态、动向、舆情等，及时挖掘可能出现的机遇与危机，给高校管理者提供参考。高校数据治理的外在样式在运行模式上将呈现出以数据系统为核心的多元利益主体协同运行的模式。

（三）强化数据治理的顶层设计

顶层设计是有效推进各项工作的关键。高校治理要转向数据治理也必须做好顶层设计。首先，高校领导层要牢固树立数据治理意识，从观念上引领高校治理各利益主体积极参与数据治理，形成数据治理的整体氛围。其次，高校领导层要全面规划数据治理工作，从学校长远发展的角度完善数据治理的组织体

系、制度体系、标准体系和目标体系，为高校数据治理提供制度保障；同时，还要设计和完善数据治理的有效机制，明晰权责机制、协调机制、监督机制与沟通机制，为高校数据治理营造机制环境。

（四）提升数据治理的基本素养

治理主体的数据治理基本素养是高校治理转向数据治理的人的因素。高校治理要转向数据治理，其参与治理的所有各类主体均需具有较高的大数据素养，即应具有相应的数据搜索、整理、分析、运用能力。一方面，高校要多途径多方法提高全体教职员工的大数据意识，采取措施督促全体教职员工自主自觉地学习数据基本知识，提升数据运用能力，形成高校整体较高的数据素养。另一方面，高校还必须培养和引进大数据人才，建立起由信息技术类、统计类、管理类与教育类等专业人才组成的大数据团队，负责学校数据库的建设与维护，并成为学校决策的智囊团队成员。该团队成员在搜集、整理与分析数据的过程中，要确保数据的客观性、真实性和及时性，并以便捷的形式呈现在数据库中，为高校治理提供信息支撑。

（五）优化数据治理的基础条件

数据治理基础条件是高校治理转向数据治理的物的因素。高校数据治理的基础条件包括信息化基础设施，以及教学环境、后勤保障与平安校等各方面都实现信息化。其中，信息化基础设施指为高校数据治理提供数据流转和数据存储的平台，是高校数据治理的条件起点，包括了弱电系统、校园网络、物联网传感网络、网络信息系统、数据中心机房、IT运营管理和云计算系统等；教学环境、后勤保障与平安校园等各方面的信息化，是指与这些方面相关的数据的生产、传输和应用等均能实现信息化。高校应从以上各方面加大数据治理的投入，优化数据治理的基础条件，实现教育教学各项工作均能运用大数据进行分析和处理，为高校治理转向数据治理提供良好物质保障。

（六）完善数据治理的运行程序

数据治理的运行程序体现为高校数据治理的过程，涉及高校数据治理的行动方法与准则。运行程序合理与否直接影响着高校数据治理的效率。合理的运行程序可以保障数据治理环环相扣、层层递进，有效提高高校数据治理的效率。

高校数据治理的运行程序按照进行顺序依次包括运行程序的设计、展开、评估与完善。高校需要立足校情，合理安排和统筹考虑数据治理的运行程序，建立健全三大运行机制，即自上而下的执行机制，自下而上的采集机制以及多元协同的互动机制。

建立自上而下的执行机制，需要高校成立专门负责大数据治理的机构，明确各机构及工作人员的定位，根据数据治理的总体目标与要求，将工作任务逐级分配到人，并提供必要的硬件、软件与经费保障；建立自下而上的采集机制，需要高校确定数据采集的目录、口径、时间及方法等，以确保数据的真实性、实时性、统一性、连续性与有效性；建立多元协同的互动机制，需要高校建立由数据采集制度、数据存储制度、数据分析制度、数据考核评价制度等组成的大数据治理制度。组织治理的运行程序直接展现着组织的治理能力。高校应高度重视和科学设计数据治理的运行程序，并不断完善之，以促进高校数据治理能力的持续提升。

第三节　高校数据治理的推进路径

一、强化高校数据治理的顶层设计

第一，构建高校的内容体系。从高校人才培养模式改革与探索（人才培养方案修订、实践教学体系完善、教学资源与特色课程建设等）、大学生创新创业训练与实践（创新创业基地建设、创新创业活动等）、共建企业遴选标准、师资队伍建设标准、学生实践能力考核标准等方面构建高校的内容体系。

第二，打造高校的实践体系。围绕高素质应用型人才、复合型人才、创新型人才培养目标，从产业导向技术研发、产学研相融的人才学院的实践体系。

第三，创新高校的科学评价体系。明确高校的内涵和外延，通过个别深度访谈、开放式问卷调查，对教育主管部门领导、行业企业管理者、高校管理者、高校教师进行访谈，获取描述高校建设评价的特征数据，同时结合专家小组讨论结果，确定高校建设评价体系结构维度，构建高校的评价指标体系，并从信效度考评层面，保障评价指标体系的科学性。

第四，构建高校的"四维联动"保障机制。高校"四维联动"主体保障机制指在政府的扶持与推动下（政府维），从市场需求实际出发（市场维），发挥学校理论培训的优势（学校维），整合优势企业资源搭建实践教学平台（企业维）；高校"四维联动"系统保障机制包括高校环境系统（制度维）、高校组织系统（组织维）、高校基地与条件系统（条件维）、高校拓展系统（创新维）。

二、搭建高校数据治理的大数据平台

搭建高校数据治理的大数据平台，可以加速高校数据的流动，提高高校数据的应用效果。高校数据治理的大数据平台由大数据存储与预处理、大数据挖掘与分析、大数据应用三个模块构成。第一，大数据存储与预处理模块需要完成内部数据接入与外部数据获取这两大任务。其中，内部数据包括财务系统、科研系统、学工系统、教务系统及图书馆系统中的所有数据；外部数据的抓取过程包括高校相关数据的抓取、清洗、过滤与检索等一系列流程。第二，在大数据挖掘与分析模块中，需要先定义问题，然后建立数据挖掘库，最后准备数据、建立模型、分析数据。第三，大数据应用模块主要包括了高校相关数据的智慧管理，并应用数据展开高校的绩效评估、发展分析和发展预测、高校数据治理的大数据平台的具体架构。

三、推进高校数据治理的组织建设

法治既是教育治理制度现代化的基本载体，也是教育治理方式现代化的重要内容，更是教育治理理念现代化的外在表达。但是，目前推进高校数据治理还存在不少法治障碍，譬如教育立法体系难以满足教育数据治理的需要，教育执法效能难以适应教育行政方式的转型，教育纠纷解决机制难以回应权益保障的诉求。因此，需要通过嵌入法治思维与法治方式，全面提升高校数据治理的水平。第一，健全高校立法体系。早期盛行的政策治教模式导致教育法规范的体系化问题并不突出，而当前教育治理现代化的系统性要求使得健全教育立法体系的紧迫性日渐凸显。推动高校数据治理法治化，必须以健全高校立法体系为前提。第二，完善多元解纷机制。畅通高校数据治理中教育纠纷解决的法治渠道，并优先使用调解手段解决纠纷，促进矛盾在校内或基层化解，以便提高实效性。第三，规范教育执法行为。遵循法治化、科学化、民主化的基本原则，高校数据治理中嵌入信息公开、公众参与、风险评估、专家论证等制度，提高高校数据治理执法内容的可接受度。

参考文献

[1] 陈婷婷. 基于大数据环境下高校教育管理信息化创新与发展研究 [J]. 科技风,2023(4):59-61.

[2] 高红艳. 信息化背景下探索高校教育管理的创新改革路径：评《大数据背景下高校教育管理信息化发展与创新研究》[J]. 科技管理研究,202242(8):224.

[3] 初友香. 基于大数据技术的高校教育管理路径探索 [J]. 食品研究与开发,202243(2):233.

[4] 陈培芬. 大数据环境下高校教育管理信息化创新与发展研究 [J]. 无线互联科技,202219(1):119-120.

[5] 周石其, 陈福娇. 大学生教育一般问题研究 [M]. 北京：中国政法大学出版社,2021.

[6] 高健磊. 新时期高校管理与发展路径探索 [M]. 北京：中国政法大学出版社,2021:236.

[7] 苗青. 中华优秀传统文化与高校青年教育管理研究 [M]. 北京：新华出版社,2021.

[8] 张将. 高校管理信息化问题与对策研究 [D]. 山东大学,2021.

[9] 徐炜杰. 大数据背景下的研究生就业发展信息化管理：评《大数据背景下高校教育管理信息化发展与创新研究》[J]. 中国科技论文,202116(6):697.

[10] 彭武娟. 大数据时代下高校教育管理信息化创新发展路径 [J]. 中阿科技论坛 (中英文),2021(6):155-157.

[11] 王超, 乔德军, 陈超. 大数据时代下高校教育管理信息化创新发展路径 [J]. 佳木斯职业学院学报,202137(4):113-114.

[12] 王猛.大数据环境下高校教育管理信息化的创新与发展[J].就业与保障,2020(23):155-156.

[13] 杨军.大数据背景下高校教育管理信息化创新路径研究：评《基于大数据的高校教育管理研究》[J].科研管理,202041(10):290.

[14] 李青.大数据时代下高校教育管理信息化发展创新研究：评《高校教学管理机制研究》[J].林产工业,202057(10):121.

[15] 李健.大数据背景下高校教育管理信息化发展路径研究[J].大学,2020(26):55-56.

[16] 王欢.基于大数据环境下高校教育管理信息化创新与发展研究[J].山东农业工程学院学报,202037(6):157-158+188.

[17] 方琴.大数据背景下高校教育管理信息化创新的策略探析[J].现代职业教育,2020(9):206-207.

[18] 裴莹.大数据时代下高校教育管理信息化创新发展路径思路构建[J].现代经济信息,2019(23):467.

[19] 雷剑,冯延清.大数据时代下高校教育管理信息化创新发展路径[J].中国管理信息化,201922(19):206-207.

[20] 陈海军.大数据时代下高校教育管理信息化创新发展研究[J].创新创业理论研究与实践,20192(9):180-181.

[21] 杨亚宁.数据驱动的高校教育管理信息化水平评估研究[D].华中师范大学,2019.

[22] 辛贵梅.基于大数据环境下高校教育管理信息化创新与发展研究[J].中小企业管理与科技（上旬刊）,2018(9):83-85.

[23] 何淑通.高校管理人员专业发展研究[M].南京：南京大学出版社:2018.

[24] 唐丽萍.大数据时代下高校教育管理信息化创新发展路径[J].文化创新比较研究,20182(5):121-122.

[25] 李娜,刘金实.大数据时代下高校教育管理信息化创新发展路径初探[J].教育现代化,20185(5):295-296+305.

[26] 张育琳. 大数据时代下高校教育管理信息化创新发展路径 [J]. 焦作大学学报 ,201731(4):111-113.

[27] 陈桂香. 大数据对我国高校教育管理的影响及对策研究 [D]. 武汉大学 ,2017.

[28] 李向阳. 基于大数据环境下高校教育管理信息化创新与发展研究 [D]. 信阳师范学院 ,2017.

[29] 黎红友. 新时期高校辅导员教育管理工作精细化探析 [M]. 成都：四川大学出版社 ,2016.

[30] 黄信. 人本教育理念与民族地区高校思想政治教育创新 [M]. 四川大学出版社 ,2013.

[31] 田晓勇. 地方高校教育管理理论与实践 [M]. 银川：宁夏阳光出版社 ,2013.